墨香财经学术文库

“十二五”辽宁省重点图书出版规划项目

全国教育科学“十四五”规划课题教育部青年项目：乡村文化振兴背景下新型城镇化对我国农村家庭文化教育消费的影响研究（EFA210402）



Theoretical Opportunity, Practical Test and Audit Exploration of Agricultural Strategy with Chinese Characteristics

谢清华 韩冰 黄容 ◎ 著

# 有中国特色农业战略的理论机缘、实践检验与审计探索

东北财经大学出版社
Dongbei University of Finance & Economics Press
大连

**图书在版编目（CIP）数据**

有中国特色农业战略的理论机缘、实践检验与审计探索 / 谢清华，韩冰，黄容著. —大连：东北财经大学出版社，2022.7
(墨香财经学术文库)
ISBN 978-7-5654-4509-5

Ⅰ. 有… Ⅱ. ①谢… ②韩… ③黄… Ⅲ. 农业经济-经济发展战略-研究-中国 Ⅳ. F32

中国版本图书馆CIP数据核字（2022）第068051号

东北财经大学出版社出版发行
大连市黑石礁尖山街217号 邮政编码 116025
网 址：http://www.dufep.cn
读者信箱：dufep @ dufe.edu.cn
大连图腾彩色印刷有限公司印刷

幅面尺寸：170mm×240mm 字数：141千字 印张：9.5 插页：1
2022年7月第1版 2022年7月第1次印刷
责任编辑：高 铭 王 娟 责任校对：木 棉
封面设计：冀贵收 版式设计：钟福建
定价：42.00元

教学支持 售后服务 联系电话：（0411）84710309

如有印装质量问题，请联系营销部：（0411）84710711

# 前言

我国社会经济长期保持稳定发展，目前我国已经成为世界第二大经济体，我国的农业和农村的发展得到了有效保证，农村居民人均收入一直在不断增长。党中央高度关注“三农”问题，把加快我国农业现代化步伐和助力小康社会建设整合为一个大的农业战略问题。在党中央的正确领导下，我国社会主义现代化建设取得了重大成就，但我国发展不平衡不充分的问题依然存在。国家统计局数据显示，农村居民人均可支配收入与城镇居民相比差距较大，2013年，后者是前者的2.81倍，之后历年递减至2020年的2.56倍[①]。当前我国农业农村发展不断迈上新台阶，城乡收入差距在缩小，但城乡发展不平衡问题依然很突出。农业产业结构升级跟不上城乡消费结构升级的步伐[②]，农业领域时常出现产品增产但价格偏低甚至严重滞销的困境[③]，农业的主要矛盾由总量不足转变为结构性矛盾，突出表现为阶段性供过于求和供给不足并存。党和国

① 国家统计局年度数据. 国家数据［EB/OL］.［2021-01-29］. https：//data.stats.gov.cn/easyquery.htm？ cn=C01.

② 姜长云，杜志雄. 关于推进农业供给侧结构性改革的思考［N］. 南京农业大学学报（社会科学版），2017，17（1）.

③ 王敬尧，王承禹. 国家治理、农地制度与农业供给侧结构性改革［J］. 政治研究，2020（3）：90-101，128.

家精准把握“三农”发展形势，中共中央、国务院在2017年专门印发了《中共中央　国务院关于深入推进农业供给侧结构性改革　加快培育农业农村发展新动能的若干意见》，引领农业供给侧结构性改革，从“调整与改革”两个层面对相关问题进行统筹安排。“农业、农村、农民”在国家政策的惠泽下，取得了显著的建设成果，如以“三瓜公社”为代表的“电商特色产业模式”、以“袁家村”为代表的“村集体组织带动模式”、以“泰山村”为代表的“村集体与社会资本共同撬动模式”等经典乡村振兴案例①，就是在国家精准施策及扶持下取得的成果。

各项“三农”政策贯彻执行，体现了党和人民的智慧与决心。但在取得中国特色农业发展经验的同时，也暴露了部分地区发展不平衡、贯彻不彻底和水土不服等多个问题。审计是国家战略的“免疫系统”，把审计与“三农”工作结合起来，对“三农”建设有重要的指导和督促作用。当前国家已经把深入推进农业改革作为新的历史阶段农业农村工作的主线，各级审计机关应当充分发挥政策落实“督查员”的作用，助力推动农业各项改革和发展。一方面，加大涉农政策落实跟踪审计、领导干部离任审计和经济责任审计力度，推动地方政府尤其是领导干部积极、主动作为。另一方面，审计机关要按照中央部署和要求，科学制订项目计划，推进项目实施，提出合理意见和建议，从而推动地方政府优化结构、强化支撑、深化改革，帮助指导农业供给侧结构性改革取得新进展、农业农村发展迈上新台阶。繁荣的背后，是否存在政策贯彻执行不到位的情况，是否存在涉农资金使用不当、挪用、闲置情况，此时国家审计实施的政府监督就显得尤其重要。

农业供给侧结构性改革和乡村振兴战略推进至今已逾五年，效果如何？哪些农产品和农业行业对农业供给侧结构性改革的贡献最大？它们通过哪些路径实现最大贡献？乡村旅游是经济社会发展的动力机制，还是政绩考核下的表现形式？小微金融到底能不能赋能乡村振兴？国家审计通过何种路径服务农业供给侧结构性改革？这些问题都亟待理论界作出深入研究。因此，本书以中国农业战略为研究缘起，结合广东粤西地

① 佚名．中共中央　国务院关于深入推进农业供给侧结构性改革　加快培育农业农村发展新动能的若干意见［EB/OL］．［2017-02-05］．http：//www.gov.cn/zhengce/2017-02/05/content_5165626.htm.

区的经验数据，在理论机缘、实践检验和审计探索三个方面阐释了系列农业战略的目标、具体内容和要求，检验了供给侧结构性改革、小微金融和乡村振兴等战略在实践中产生的经济效果，并从审计的角度探讨了审计服务国家农业战略的框架和实施路径，具有重要的理论意义和时代意义。

本书的结构安排如下：第1章至第3章为理论机缘，以农业供给侧结构性改革、乡村振兴和小微金融为农业战略索引，分析了各个战略的时代背景、时代责任、战略目标与战略挑战；第4章至第6章为农业战略的实证检验，结合我国广东省以及其中农业比较典型的粤西地区为研究阵地，实证检验了农业供给侧结构性改革、乡村振兴和小微金融战略的政策效果，为国家和部门决策提供经验依据；第7章至第10章为审计探索，结合我国的国情分别探讨了国家审计服务农业供给侧结构性改革、乡村振兴、生态文明建设和地方经济发展的理论框架，并提出了实践路径；第11章针对全书的研究做了总结，并提出一系列启示性观点。

**谢清华**

2022年3月

# 目录

# 第1章　农业供给侧结构性改革战略

农业供给侧结构性改革是我国经济发展新常态作出的重大决策，也是农业自身发展问题倒逼下的客观要求，国家主要从供给侧结构性改革和体制机制改革两方面着手，加上配套战略，来解决农业发展面临的瓶颈问题，进而实现新时代下农业可持续良性发展。

## 1.1　战略背景

改革开放以来，我国经济蓬勃发展，整个社会经济呈现一体化的趋势，各行各业欣欣向荣，我国的农业也在这种背景下不断发展变化。我国是农业大国，农业一直是国家的支柱，经济的重要支撑。自2004年以来，中央接连发布了助力“三农”战略政策的中央一号文件，强调“三农”战略问题对我国经济发展和社会建设的重要性。随着国家对“三农”战略发展的大力支持，我国农业发展进入高速发展的时期，农产品产量不断攀升，农民收入不断增加，国家粮食储备不断增长。但是，随着我国农业改革的不断深入，农业发展愈发跟不上时代的要求，俨然成了社会建设的短板，农业改革迫在眉睫。现今，农业受成本价格和技术的限制，农作物产量增收困难，经济收益逐年减少。2016年，农民收入实际增长6.2%，与“十二五”期间农民年均收入增长9.6%的水平相比，农民收入增速放缓明显，持续增收难度加大。[①]2011年开始我国超过美国成为最大农产品进口国，目前农产品进口额已占世界农产品贸易额的1/10以上。[②]我国人口众多，农业生产比例失衡，农业农产品的产量、库存量无法满足社会的需要，只能大量进口。财政支农负担加大，农业结构急需调整，农业供给侧结构性改革是新时期农业发展的主要方向及任务。“十四五”时期是社会主义建设的关键时期，要振兴农业、复兴民族，根本任务还是在“三农”战略问题上，我国农业现阶段的矛盾从关注农业产量转移到了关注农业结构性，因此迫切需要改变结构性失衡的状态，补齐“三农”战略短板，解决“三农”战略融资问题，完善支持农业改革的政策法规。针对我国农业存在的问题，2021年的中央一号文件对社会新发展阶段面临的“三农”战略问题及全面深化农业供给侧结构性改革，推动乡村振兴作出了总体部署，为现在和以后的“三农”战略工作指明方向，举全党全社会的力量推动农业供给侧结构性改革。

## 1.2 战略内容

农业供给侧结构性改革特指通过自身的努力调整，让农民生产出的产品，无论在质量还是数量上，符合消费者的需求，实现产地与消费地的无缝对接。农业供给侧结构性改革是我国实现农业现代化，振兴民族的必要战略，因此必须坚定地贯彻这一政策。自1982年至今，我国已经发布20多个涉农文件，每一个时期都对农业发展提出新的建议及部署，2021年最新发布的中央一号文件内容就聚焦乡村振兴、“三农”战略问题。2021年发布的《中共中央　国务院关于全面推进乡村振兴加

① 潘世磊. 农业供给侧结构性改革与财政支农能促进农民增收吗？[J]. 经济问题探索，2018（2）：19-30.

② 韩俊. 供给侧结构性改革是塑造中国农业未来的关键之举［J］. 云南农业，2017（7）：5-7.

快农业农村现代化的意见》指出，民族要复兴，乡村必振兴，要坚持把解决好“三农”战略问题作为全党工作重中之重，把全面推进乡村振兴作为实现中华民族伟大复兴的一项重大任务，举全党全社会之力加快农业农村现代化，让广大农民过上更加美好的生活。农业改革这项战略的主要内容是改革，改革的核心则是农民，因为农民是农业活动的操作者，是农业改革能否完成的焦点，因此需重点关注农民问题。而供给侧改革中，非常重要的一点是国家宏观调控的加入，单靠农业自身的调控是没有办法解决现在的问题的，需国家宏观调控从中引导协调。除了国家宏观调控之外，也需引导农民转变传统观念，摒弃陈旧的农业生产方式和种植结构，以生产出符合消费者意愿的产品，调高经济效益，增加收入，保障国家粮食安全。另外，农业供给侧结构性改革最突出的问题是结构失衡。要加快改革不仅仅需要关注种植业，还需要重视畜牧业及渔业的发展，调整三业的结构平衡，统筹兼顾，推行农林牧一体化，加快农村一二三产业的融合，以实现农产品消费结构由失衡的低需求到高需求的转变。总的来看，农业供给侧结构性改革包括两个方面内容，一是供给侧结构性改革；二是体制机制改革。[①]农业之所以会出现结构性失衡，归根到底是因为农业体制的落后。而农业供给侧结构性改革中提出了改革农业体制的要求，政府适当减少对农业的操控并加强市场对农业的把控，以市场来引导生产。

## 1.3 配套战略

根据中央一号文件有关“三农”战略问题的内容及政府制定的各类惠农利农的政策可以看到，国家对推动农业供给侧结构性改革势在必行。而针对现在农业存在的问题，提出以下几个策略来推动改革。第一，是农业生产上，重视农业生产，多途径、多方面地开采资源粮食，关注生产和进口的关系，在保障国家粮食安全的情况下，多关注市场需求，以形成与市场相适应与社会相匹配的供给侧结构。长期以来，我国

① 陈文胜. 乡村振兴战略目标下农业供给侧结构性改革研究［J］. 江西社会科学，2019（12）：208-215.

一直比较重视生产小麦、稻谷和玉米的安全保障，而大豆生产则相对薄弱，并逐渐发展成为短板。[①]因此，还需要适当减产小麦等占比比较大的产物，扩大大豆等产量较低的作物的种植，保持产量结构平衡，改变单一作物种植，发展其他特色产业。第二，我国农业科技运用程度低，农业设备短缺，农业机械化区域发展不平衡、不普及，财政对农业科技投入不足，农业信息化进程缓慢，各地交流不畅。所以需要加大财政对农业科技的研发及运用投入，建立完备的农业机械化体系，加大农业机械化的普及，改进农业设备，建立迅速完备的农业物流网，加强各地农业的交流学习，努力提高我国农业在国际上的竞争力和影响力。第三，在农业产品价格上，提出改革农产品的价格机制，价格成本方面努力与国际社会接轨，降低农业生产要素、生产资料的成本，加强市场对农业的调控，减少政府对农业产品定价的干预，进而增强我国农产品在国际上的竞争力。第四，农业供需结构的改革建设的创新。随着人民生活水平的不断提高，消费者的消费需求也在不断改变，消费者由原来的单纯追求吃饱转变为追求吃好，消费需求不断多样化、多元化。为满足消费者的需求变化，改变中国农业供给结构的形态使其与消费需求相结合，同时也要把农业与其他产业相结合，把农业由生产领域延伸至其他领域，加强农业与各个领域的联系，以达到一二三产业的融合。

## 1.4 战略实践

为了更好地推动农业供给侧结构性改革，实现农业现代化，政府连续多年发布了有关农业政策内容的中央一号文件，并勒令各地政府贯彻实行这些措施。随着这些政策的执行，我国农业供给侧结构性改革取得了一些进步，具体体现在以下几个方面。第一，把农业跟其他领域相结合，不仅仅拘泥于传统的种植地和种植方式，改变传统的农业模式，发展新型农业，根据各地的地方特色制定不同的农业发展产业，如遂昌县菊米、横县茉莉花、云南怒江草果等地方特色产品。还多方位地开采其

① 彭成圆，蒋黎，王晓君．新时代我国农业亟待破解的若干问题思考——兼论完善我国农产品价格机制［J］．价格理论与实践，2018（1）：49-52.

他资源粮食，所以我国农林牧渔总产值连年不断攀升。目前，我国的粮食基本达到了“谷物自给，口粮满足”的状态，国家粮食安全得到了保障。第二，农业科技运用比以前更加广泛且出台了各项支持农业科技创新改革的政策，加大财政对农业科技的扶持力度，多方面地放宽农业科技领域的融资条件。为此，2020年我国农业科技进步贡献率突破60%的大关，农作物良种覆盖率达到96%以上，农业机械化得到了更大程度的普及及运用。与此同时，我国还对农田进行了规划，耕地面积比以前有了显著的扩大。截至2020年底，我国基本完成建成8亿亩[①]高标准农田目标的规划，严格坚守18亿亩耕地红线。[②]农业生产成果得到提升，经济效益得到了提高。第三，改革农业价格机制，提高对农业生产要素的投入以此提高农作物的质量，以质补量，提高农业效益来减少农业的成本支出。吸取别国成功的农业成本的政策，成立农协等负责“三农”战略之间的对接，联合小规模经营农户共同经营发展，根据市场变化来调控农作物的价格，减少政府干预。第四，通过发布完善财政对农业扶持的政策，放宽金融机构对农业融资的限制条件，鼓励其他民间各类融资机构参与农业筹资的行列。加大税收对农业的支持，减少农业的税收，减轻农民的负担，提高了农业的效益。

## 1.5 时代新要求

虽然国家不断发布惠农利农政策推动农业供给侧结构性改革，且改革也取得了一些成就，但是我们还是不能对农业改革掉以轻心，现在农业供给侧结构性改革已经走到了关键路口，如何找对道路顺利走下去成了农业改革未来面临的最大问题。因此，为了更好地适应经济的发展，跟上时代的脚步，农业供给侧结构性改革还需继续转变农业的种植系统，不拘于某一类产物的种植，还应加大其他经济作物的种植和囤积，用于保障国家粮食安全和居民营养平衡。在农业税负方面，实施科学的减免补贴政策，包括对从事农业生产所得报酬不计征个税和其他相关税

① 1亩=0.067公顷，下同。

② 徐光平，曲海燕．“十四五”时期我国农业高质量发展的路径研究［J］．经济问题，2021（10）：104-110.

种，并且给予一定的直接补贴；对非人为因素造成的农业损失，产出收益未达到最低生活保障的农业生产者实行补贴；对绿色、生态、高质量农产品的种植实行较高的补贴力度。政府尽量在税收方面给予农民支持，减轻农民负担。[①]现在农业科技创新得到了社会各界广泛的关注，机械化也运用于一些农业领域。虽然我国国土辽阔，土地种植面积大，但是我国人口众多，为了满足居民生活需要，保障国家粮食安全，我国还需不断开发新的耕地，另外，由于我国山川众多，许多地区现在科学技术还无法开采利用，为了提高农产品的产量，需努力开发这些“无人区”。所以我国还需加大对农业科技的创新投入，学习外国先进的农业科学技术，引进性能优良的农业设备，加大耕地机械化的投入，逐渐使农业由人工种植转变为纯机械种植，降低人工成本，提高农民收益。推动农业现代化不仅仅需要关注农业自身的发展问题，还需关注城镇化。城镇化是国家实现农业现代化的必由之路，这是已经被各国实践证明了的规律。按居住地计算的中国城镇化水平刚刚超过60%，尽管超过了世界平均水平，但与已经实现现代化的国家相比，还有不小的提升空间。[②]党的十九大提出要加快农村和城镇的融合进程，促进城乡要素的流通，加强城乡基础设施的建设，缩小城乡差距。在实现农业供给侧结构性改革中，从我国的经济体制和社会制度出发，把农村和城镇相结合，建设农业发展新结构。

---

① 龙少波，张梦雪．中国农业全要素生产率的再测算及影响因素——从传统迈向高质量的发展［J］．财经问题研究，2021（8）：40-51.

② 司伟．经济转型过程中中国农业农村现代化［J］．南京农业大学学报（社会科学版），2021，21（5）：11-19.

# 第2章　乡村振兴战略

在太多因素的制约下，我国城乡发展不平衡不协调的矛盾比较突出，表现在城乡居民收入差距较大，农业基础仍不稳固，农村社会事业发展滞后等等。可以说城乡发展不平衡不协调，是现阶段我国经济社会发展中最为突出的结构性矛盾，也是我们面临的许多问题的“病根”。这些问题不仅制约着农业农村发展，也制约着城镇化水平和质量的提升，是全面建设社会主义现代化国家进程中无法回避的挑战。党的十九大报告提出实施乡村振兴战略，就是要始终坚持把解决好“三农”战略问题作为全党工作重中之重，并通过采取更加有力的措施，切实改变农业农村落后面貌，拉长“四化同步”发展中农业这条短腿，补齐农村这块全面小康社会的短板。

中共中央、国务院连续发布中央一号文件，对新发展阶段优先发展农业农村、全面推进乡村振兴作出总体部署，为做好当前和今后一定时期“三农”战略工作指明了方向。（1）2018年3月5日，国务院总理李克强在《政府工作报告》中讲到，大力实施乡村振兴战略。（2）2018年5月31日，中共中央政治局召开会议，审议《乡村振兴战略规划

（2018—2022年）》。（3）2018年9月，中共中央、国务院印发了《乡村振兴战略规划（2018—2022年）》，并发出通知，要求各地区各部门结合实际认真贯彻落实。（4）2021年2月21日，《中共中央 国务院关于全面推进乡村振兴加快农业农村现代化的意见》发布，这是21世纪以来第18个指导“三农”战略工作的中央一号文件；2月25日，国务院直属机构国家乡村振兴局正式挂牌。（5）要做好乡村振兴这篇大文章，2021年3月，中共中央、国务院发布了《关于实现巩固拓展脱贫攻坚成果同乡村振兴有效衔接的意见》，提出工作重点。（6）2021年4月29日，十三届全国人大常委会第二十八次会议表决通过《中华人民共和国乡村振兴促进法》。（7）2021年5月18日，司法部印发了《“乡村振兴法治同行”活动方案》。

## 2.1 战略背景

### 2.1.1 现实背景：新时代农业农村发展现状

“三农”战略工作自中华人民共和国成立以来就始终被视为我们党和国家的工作重点，放在治国理政的重要位置。改革开放后，“三农”战略也仍然是党和国家的重点工作对象。进入21世纪以来，党中央连续发出13个指导“三农”战略工作的一号文件，重点讲述了“三农”战略问题，在中国共产党第十八次全国人民代表大会召开以后，党中央在很多重要场合与会议中提及农业部门，足以见得一直以来我国对于农业农村问题的重视。

在党和国家长期以来的不懈努力之下，我国“三农”战略工作取得了很好的成绩：一是农业生产发展中比较落后的生产方式得到了转变，逐步采用了先进的农业技术，提高了农产品质量，增加了农产品产量，并且培育出具有代表性的农产品，另外国家对农产品生产的品控体系建设也更加完善，对农产品的整体质量提出了更高的要求；二是过去传统的农业产业结构发生了较大的变化，由过去单一的农作物为主的结构转变为以农作物为主，多样化经济作物为辅的产业结构，促进了农业产品供给更加丰富多样的同时也极大地提升了农民的收益；三是加速推进现代化的乡村建设，农民的居住条件得到改善，精神生活更加丰富。

20世纪90年代以来，中国农村经历了一场激烈的变化，尤其是西部地区乡村的衰落。改革开放虽然使我们获得了巨大的物质财富，创造了人间奇迹，但同时也改变了中国的社会结构和自然风貌。2.6亿农民工进城，使城乡人口流向发生了许多变化，农村青壮年向城市建设市场的流动，改变着中国社会结构，空巢村、老人村、留守儿童村和贫困村渐次出现。住建部全国村庄调查报告数据显示：1978—2012年，中国行政村总数从69万个减少到58.8万个，自然村总数从1984年的420万个减少到2012年的267个，年均减少5.5万个（范建华，2018）。

由此可见，由于受到各种因素的影响，我国“三农”战略工作仍然存在着各种亟待解决的问题。一是农业生产方式仍显落后，农业资源仍然没有得到科学、高效的利用，农业与自然资源间存在着矛盾。农产品的营销方式落后，运营机制也较为单一，小农经济与农业现代化的矛盾仍然突出；二是不同区域间、农业农村间发展不平衡，农村居民收入差距大，农村人口年龄结构呈现青壮年递减的趋势；三是在新农村建设中，农民生产生活观念仍然落后，难以适应农业产业化、科技化、数字化等新的发展，进一步阻碍了农业农村的发展（邓莉华，吴文新，2019）。

### 2.1.2 理论背景：“三农”战略思想的历史沿袭

不论在哪个历史时期，党和国家都十分重视农业、农村、农民的发展。我国的“三农”战略思想，也是经历了各届领导集体的不断丰富与完善，才慢慢形成和发展起来。中华人民共和国成立后，党的第一代中央领导集体深入研究了“三农”战略，强调了农业的重要性，并且带领全国人民进入农业合作化道路；党的第二代中央领导集体提出要走有中国特色的农业现代化道路；党的第三代中央领导集体统筹城乡发展，并为新农村建设提供制度保障，始终维护农民群众的利益；党的第四代中央领导集体坚持用“科学发展观”来指导“三农”战略问题，并提出

“两个趋向”的重要论断。这些都为我们党和政府在新形势下发展“三农”战略事业奠定了重要的理论基础。

## 2.2 战略内容

### 2.2.1 实施原则

《中共中央 国务院关于全面推进乡村振兴加快农业农村现代化的意见》（以下简称《意见》）指出，实施乡村振兴战略的基本原则为：坚持党管乡村工作；坚持农业乡村优先发展；坚持农民主体地位；坚持乡村全面振兴；坚持城乡融合发展；坚持人与自然和谐共生；坚持因地制宜、循序渐进。巩固和完善乡村基本管理制度，保持稳定、长期的土地承包关系，第二轮土地承包经营期满后再延长30年，确保国家粮食安全。加强乡村基层基础工作，培养和造就懂农业、爱乡村、爱农民的“参与农业”劳动力。

### 2.2.2 战略内容[①]

乡村振兴内容有乡村产业振兴、乡村人才振兴、乡村文化振兴、乡村生态振兴、乡村组织振兴。以乡村产业振兴为例，要推动乡村产业振兴，必须发展现代农业，围绕农村一二三产业融合发展，构建乡村产业体系，实现产业兴旺，把产业发展落到促进农民增收上来，全力以赴消除农村贫困，推动乡村生活富裕。

1）乡村产业振兴

如果想要推动乡村产业振兴，一定要发展现代农业，围绕农村一二三产业融合发展。这样才能构建乡村产业体系，实现产业兴旺，把产业发展落到促进农民增收上来，而且还能消除农村贫困，推动乡村生活富裕。

2）乡村人才振兴

推动乡村人才振兴，首先要把人力资本开发放在首要位置，必须强

---

① 李宗全. 乡村振兴内容，乡村振兴战略的总要求［EB/OL］.［2021-02-19］. https：//wenda.zhifure.com/a/38193.html.

化乡村振兴人才支撑，加快培育新型农业经营主体。这样才能让愿意留在乡村、建设家乡的人安心，让愿意上山下乡、回报乡村的人更有信心，有利于打造一支乡村振兴人才队伍。

3）乡村文化振兴

推动乡村文化振兴，必须加强农村思想道德建设和公共文化建设，并且要挖掘优秀传统农耕文化的思想观念、人文精神、道德规范，培育挖掘乡村文化人才。弘扬社会正气，培育文明乡风、良好家风、淳朴民风，改善农民精神风貌。

4）乡村生态振兴

推动乡村生态振兴，就必须要坚持绿色发展，加强农村环境问题综合治理，实施农村人居环境整治三年行动计划。完善农村生活设施，打造农民安居乐业的美丽家园，让良好生态成为乡村振兴支撑点。

5）乡村组织振兴

推动乡村组织振兴，必须打造农村基层党组织，培养优秀的农村基层党组织书记，深化村民自治实践，发展农民合作经济组织，建立健全党委领导、政府负责、社会协同、公众参与、法治保障的现代乡村社会治理体制，确保乡村社会充满活力、安定有序。

### 2.2.3 “三步走”时间表

2018年中央农村工作会议提出，实施乡村振兴战略，要按照产业兴旺、生态宜居、乡风文明、治理有效、生活富裕的总要求，让农业成为有奔头的产业，让农民成为有吸引力的职业，让乡村成为安居乐业的美丽家园。

按照党的十九大提出的全面建成小康社会、分两个阶段实现第二个百年奋斗目标的战略安排，2018年中央农村工作会议明确了实施乡村振兴战略的目标任务：

到2020年，乡村振兴取得重要进展，制度框架和政策体系基本形成。

到2035年，乡村振兴取得决定性进展，农业乡村现代化基本实现。

到2050年，乡村全面振兴，农业强、农村美、农民富全面实现。

### 2.2.4 实现路径

对中国特色社会主义乡村振兴道路，党中央提出了七条道路[①]：一是必须重塑城乡关系，走城乡融合发展之路；二是必须巩固和完善农村基本经营制度，走共同富裕之路；三是必须深化农业供给侧结构性改革，走质量兴农之路；四是必须坚持人与自然和谐共生，走乡村绿色发展之路；五是必须传承发展提升农耕文明，走乡村文化兴盛之路；六是必须创新乡村治理体系，走乡村善治之路；七是必须打好精准脱贫攻坚战，走中国特色减贫之路。

2018年9月，中共中央、国务院印发了《乡村振兴战略规划（2018—2022年）》，这是我国出台的第一个全面推进乡村振兴战略的五年规划，是统筹谋划和科学推进乡村振兴战略这篇“大文章”的行动纲领。

《乡村振兴战略规划（2018—2022年）》围绕“产业兴旺、生态宜居、乡风文明、治理有效、生活富裕”实施乡村振兴战略的总要求，明确了阶段性重点任务，围绕乡村振兴人才、土地、资本等要素供给，规划部署了加快转移人口市民化、强化乡村振兴人才支撑、加强乡村振兴用地保障、健全多元投入保障机制、加大金融支农力度等方面的具体任务。根据发展现状、区位条件、资源禀赋等，规划将村庄分为集聚提升类村庄、城郊融合类村庄、特色保护类村庄和搬迁撤并类村庄四种不同类型，并明确要分类推进。

## 2.3 配套战略

在党的十九大报告中，首次正式提出实施乡村振兴战略，并将之列入决胜全面建成小康社会需要坚定实施的七大战略之一。党的十九大以来，习近平总书记多次提及乡村振兴战略，从不同层面对推动这一重要战略的落实提出具体要求。2017年12月，“研究实施乡村振兴战略的重

① 神州土地．乡村振兴怎么走？中央农村经济会议上提出的这七条路！［EB/OL］．［2018-01-03］．https：//www.sohu.com/a/214363191_482457.

要政策”的中央农村工作会议对实施乡村振兴战略的重大问题和贯彻落实乡村振兴战略，进行了深刻的阐述并提出了明确的要求。作出了“三步走”的目标任务、“七个坚持”的基本原则等实施乡村振兴战略的一系列重要部署。2018年2月，国务院发布了指导“三农”战略工作的中央一号文件，即《中共中央　国务院关于实施乡村振兴战略的意见》，为下一步打好精准脱贫攻坚战指明方向并提出新的要求。同年9月，中共中央、国务院又印发了《乡村振兴战略规划（2018—2022年）》。乡村振兴战略要求到2035年，乡村振兴取得决定性发展，农业农村现代化基本实现，到2050年，乡村全面振兴，全面实现农业强、农村美、农民富。为了实现乡村振兴战略，国家提出了相应的远景谋划作为配套战略。

### 2.3.1 坚持乡村振兴和新型城镇化双轮驱动，构建乡村振兴新格局

加快推进城乡融合发展的新格局，营造宜居乡村，保护生态。顺应村庄发展规律和演变趋势，根据不同村庄的发展现状、区位条件、资源禀赋等，按照集聚提升、融入城镇、特色保护、搬迁撤并的思路，分类推进乡村振兴，不搞一刀切。

### 2.3.2 深化农业供给侧结构性改革，构建现代农业生产体系

乡村振兴战略的实施需要继续夯实农业生产基础，健全粮食安全保障机制，加强耕地保护，提升农业信息化水平；加快农业转型升级，优化生产力布局，调整农业结构，壮大特色优势产业，构建农业对外开放新格局；建立现代农业经营体系，促进小农户生产和现代农业发展有机衔接；强化农业科技支撑，加大支农投入力度，同时提高农业风险保障能力。

### 2.3.3 培育新产业新业态，推动农村产业融合，壮大乡村产业

以完善利益联结机制为核心，以制度、技术和商业模式创新为动

力，推进农村一二三产业交叉融合，加快发展根植于农村、由当地农民主办、彰显地域特色和乡村价值的产业体系，推动乡村产业全面振兴。

### 2.3.4 建设生态宜居的美丽乡村

牢固树立和践行“绿水青山就是金山银山”的理念，坚持尊重自然、顺应自然、保护自然，统筹山水林田湖草系统治理，加快转变生产生活方式，推动乡村生态振兴，建设生活环境整洁优美、生态系统稳定健康、人与自然和谐共生的生态宜居美丽乡村。

### 2.3.5 繁荣发展乡村文化

继续加强农村思想道德建设，弘扬中华优秀传统文化，丰富乡村文化生活。坚持以社会主义核心价值观为引领，以传承发展中华优秀传统文化为核心，以乡村公共文化服务体系建设为载体，培育文明乡风、良好家风、淳朴民风，推动乡村文化振兴，建设邻里守望、诚信重礼、勤俭节约的文明乡村。

### 2.3.6 促进自治、法治、德治有机结合，健全现代乡村治理体系

加强农村基层党组织对乡村振兴的全面领导，把夯实基层基础作为固本之策，建立健全党委领导、政府负责、社会协同、公众参与、法治保障的现代乡村社会治理体制，推动乡村组织振兴，打造充满活力、和谐有序的善治乡村。

### 2.3.7 推进农村基础设施及社会保障体系建设，保障和改善农村民生

通过改善农村交通物流设施条件，加强农村水利基础设施网络建设，构建农村现代能源体系，夯实乡村信息化基础；通过拓宽转移就业渠道，强化乡村就业服务，提升农村劳动力就业质量；通过加强农村社会保障体系建设，提升农村养老服务能力，增加农村公共服务供给。

### 2.3.8 完善城乡融合发展政策体系

顺应城乡融合发展趋势，重塑城乡关系，更好地激发农村内部发展活力、优化农村外部发展环境，推动人才、土地、资本等要素双向流动，为乡村振兴注入新动能。例如，加快推进户籍制度改革，不断扩大城镇基本公共服务覆盖面，维护进城落户农民土地权，强化乡村振兴人才支撑，完善农村土地利用管理政策体系，健全多元投入保障机制，加大金融支农力度。

## 2.4 战略实践

乡村振兴战略的实施是一个不断积累、不断丰富的过程。在国家行政管理和具体执行层面，采取了一系列具体措施①。

一是大力推进“美丽乡村”建设。2005年10月，党的十六届五中全会提出建设社会主义新农村的重大历史任务，提出“生产发展、生活宽裕、乡风文明、村容整洁、管理民主”的具体要求。

二是社会主义新农村建设。2007年10月，党的十七大提出“要统筹城乡发展，推进社会主义新农村建设”。在社会主义新农村建设的总体要求下，2008年，浙江省安吉县正式提出“中国美丽乡村”计划，出台《建设“中国美丽乡村”行动纲要》。时任中央农村工作领导小组办公室主任陈锡文在考察安吉县后说：“安吉进行的中国美丽乡村建设是中国新农村建设的鲜活标本。”

三是特色小镇建设。2016年2月，《国务院关于深入推进新型城镇化建设的若干意见》（国发〔2016〕8号）明确提出：充分发挥市场主体作用，推动小城镇发展与疏解大城市中心城区功能相结合、与特色产业发展相结合、与服务“三农”战略相结合。发展具有特色优势的休闲旅游、商贸物流、信息产业、先进制造、民俗文化传承、科技教育等魅力小镇。此后，住建部、国家发改委、财政部等中央部委出台系列文件

---

① 范建华．乡村振兴战略的时代意义［EB/OL］．［2018-02-27］．http：//theory.people.com.cn/n1/2018/0227/c40531-29837172.html？ivk_sa=1023345q.

对特色小镇建设提出了许多指导性意见和工作要求。

四是大力推进“田园综合体”试点工作。2017年2月5日，中共中央一号文件指出：支持有条件的乡村建设以农民合作社为主要载体、让农民充分参与和受益，集循环农业、创业农业、农事体验于一体的田园综合体，通过农业综合开发、农村综合改革转移支付等渠道开展试点示范。2017年5月24日，财政部下发《关于开展田园综合体建设试点工作的通知》，决定在河北、山西、内蒙古、江苏、浙江、福建、江西、山东、河南、湖南、广东、广西、海南、重庆、四川、云南、陕西、甘肃18个省、自治区和直辖市开展试点工作。每个试点省份安排1～2个试点项目，按3年规划，中央财政投入资金1.5亿元，地方财政资金按50%投入，3年共投入2.25亿元，最终实现“村庄美、产业兴、农民富、环境优”的规划。

2021年9月28日，国务院发布的《中国的全面小康》白皮书称：经过近四年的努力，实施乡村振兴战略已取得重要成果[①]。一是粮食生产连年丰收。连续6年稳定在1.3万亿斤以上，实现历史性的“十七连丰”。今年克服新冠肺炎疫情和洪涝等自然灾害的影响，夏粮、早稻双双增产，秋粮增产趋势明显，夺取全年粮食丰收有良好的基础，生猪产能已全面恢复，14亿中国人的饭碗牢牢端在自己手上。二是农业现代化建设步伐明显加快。累计建成8亿亩高标准农田，农业科技进步贡献率超过60%，农作物耕种收综合机械化率达到71%，化肥农药施用量连续4年负增长，农产品加工产值与农业总产值比值提高到2.4∶1，乡村旅游、农村电商等新产业新业态蓬勃发展。三是脱贫攻坚取得全面胜利。9 899万农村贫困人口全部脱贫，历史性解决了农村人口绝对贫困问题。今年建立了防止返贫动态监测和帮扶机制，对认定的500多万易返贫致贫农村人口进行精准帮扶、动态清零，坚决守住不发生规模性返贫的底线。四是乡村建设扎实推进。动力电、硬化路、4G网基本实现村村通，农村卫生厕所普及率超过68%，建立了城乡统一的居民基本养老、基本医疗和大病保险制度。今年又制定了乡村建设行动实施方案，

① 九派新闻. 农业农村部：实施乡村振兴战略已取得重要成果［EB/OL］.［2021-09-28］. https：//baijiahao.baidu.com/s？id=1712122445073219784&wfr=spider&for=pc.

力争“十四五”时期乡村面貌再有新的变化。五是乡村治理效能不断提升。农村基层党组织建设得到加强，自治、法治、德治相结合的乡村治理体系逐步建立，积分制、清单制、数字赋能等治理方式在各地创新发展，移风易俗持续推进，文明乡风加快培育。

## 2.5 乡村振兴战略新要求——以乡村文化为例

2021年4月29日，第十三届全国人民代表大会常务委员会第二十八次会议通过了《中华人民共和国乡村振兴促进法》，制定出台乡村振兴促进法，为全面实施乡村振兴战略提供有力法治保障，对于促进农业全面升级、农村全面进步、农民全面发展，全面建设社会主义现代化国家，实现中华民族伟大复兴的中国梦，具有重要意义。乡村振兴战略提出已近4年，我国乡村格局正处在大演化大调整时期。全面推进乡村振兴，遇到的挑战更多样，利益关系更复杂。在乡村振兴促进法实施之际，有必要以法律为准绳，重新审视乡村振兴的关键点，同时也为当下乡村振兴实践提出了新的要求。《中华人民共和国乡村振兴促进法》全文包括10章，由总则、产业发展、人才支撑、文化繁荣、生态保护、组织建设、城乡融合、扶持措施、监督检查、附则组成。下面以乡村文化为例，探讨新时代对乡村振兴赋予的新使命和时代新要求。

中国乡村文化需要继承和创新，这是时代发展的必然要求，是基于落实精准扶贫、全面建成小康社会和实现社会主义现代化的重要保证。中国现代化，最艰巨、最繁重的部分是在农村，基础在农村，最大的支撑和潜力也是在农村。实施乡村振兴战略是建设美丽中国的关键举措，是传承中华优秀传统文化的有效途径，是实现全体人民共同富裕的必然要求。中国的乡村在近现代以来受到现代化、工业化、城市化的冲击，是新时代社会主要矛盾的集中体现，是实现人民对美好生活需要的短板问题。习近平总书记指出，从全面建成小康社会上看，是“国家物质力量和精神力量都增强，全国各族人民物质生活和精神生活都改善”的全面小康。党的十九大提出乡村振兴战略，这是国家社会现代化建设要求下解决乡村发展短板问题的重要举措，在聚焦产业兴旺、生态宜居、乡风文明、治理有效的总要求的同时，我们需要看到在中国传统农耕社会体系下中国乡村社会发展的文化因素，在实现和满足农民对于美好生活的需要的同时，充分地发掘和赋予农民在文化问题上的幸福感、获得感、归属感，这样才能更好地激发乡村振兴中乡村社会整体的原生活力，从而实现整个社会的现代化发展。当然对乡村文化进行新的梳理和构建还应当从问题视角和乡村建设的视角进行考虑。首先，是中国乡村文化的冲击问题，这种冲击下的直观表现就是中国乡村的衰落，所以对乡村文化进行反思就是对中国乡村问题的反思。其次，乡村社会是任何一个国家和地区必然存在的一种结构，基于乡村发展问题视角，乡村更好地发展是实现乡村现代化必须考虑的问题。当然这种“倒逼”也是新时代背景下各种环境因素矛盾都发生了变化后产生的。所以，为了使乡村得到更好的发展，就必须在新的时代背景下对乡村文化进行新的反思和构建。在中国，以农耕文明为基础的传统文化深深扎根于广大的农村社会，并影响着中国的社会发展。在新的历史时期，恰当准确地对乡村文化进行重新梳理构建，是对整个社会发展方向和内容的反思和总结。

# 第3章　小微金融战略

小微金融，即专门为小型和微型企业及中低收入群体提供的小额可持续的金融产品和服务。其以小微企业及贫困或中低收入群体为特定目标客户，于高风险、高收益中追求商业的可持续性。我国小微金融源于20世纪90年代，一路走来，历经坎坷，现在成为我国经济战略中的一项重要内容，为我国小微企业提供稳定、多元化的金融服务。新常态下，我国经济处于高质量发展阶段，新冠肺炎疫情冲击下，小微金融战略优化升级势在必行。

## 3.1　战略背景

截至2017年年底，我国小微企业约2 800万户，个体工商户约6 200万户，共占我国市场主体比重超90%，贡献了全国80%以上的就业岗位，70%以上的发明专利，60%以上的GDP和50%以上的税收。但据中国人民银行网站数据显示，自2015年第四季度末至2018年年末，我国小微企业贷款需求指数均高于大中型企业，2 000多万户小微企业贷款需求得不到满足，融资缺口高达22万亿元[①]。小微企业融资难、融资贵等问题始终横亘在小微企业与银行之间得不到有效解决。

当前，我国正处于经济转型升级的关键阶段，“三期叠加”是新常态的集中体现。经济下行压力下，小微企业融资难、融资贵等问题更为凸显。其一，新常态下，银行信贷资产质量恶化，因抗经济波动能力较弱，小微企业成为不良贷款重灾区。其二，无论IPC模式，还是“圈链会+信贷工厂”模式，经济下行压力下，小微企业盈利堪忧，信贷逾期大概率发生，风险集中爆发难以避免。2012年，当四万亿刺激贷款需求褪去时，大量企业倒闭、跑路潮涌现，民生银行深陷钢贸危机就是一个典型案例。其三，根源于信息不对称，小微企业信用风险高，贷款利率居高不下，形成恶性循环。小微企业多为民营，以线下经营模式为主，经营信息不透明，财务报表规范性差，为获取贷款，粉饰财报的情况时有发生[②]。面对信息不对称，基于成本考虑，银行简单以高利率应对。然而，过高的利率带来的是经营业绩相对较好、信用风险偏低的“优质”小微企业退出小微金融市场，留在小微金融市场的反而是经营业绩相对较差、信用风险偏高的“劣质”小微企业[③]，即高利率提高了小微金融信贷风险。面对再次提高的信贷风险，银行再度提高贷款利率。如此形成恶性循环。其四，互联网金融冲击传统银行小微金融。借助大数据、人工智能、区块链技术优势，一大批头部互联网公司得以快速识别并搜集小微企业信用相关信息，快速审批与放贷，吸引了大批优质小微企业。

## 3.2 战略内容

李克强总理在2021年《政府工作报告》中对重点工作计划指出，要进一步解决中小微企业融资难题。具体表现在：延续普惠小微企业贷

① 沈黎怡，陆岷峰．金融供给侧结构性改革与小微金融业务发展研究［J］．西南金融，2019（7）：36-43。

② 陆岷峰，汪祖刚．新时代我国金融监管策略创新研究［J］．北华大学学报（社会科学版），2018（2）：119-124.

③ 陆岷峰．关于金融本源及创新边界的研究［J］．当代财经，2018（9）：62-69.

款延期还本付息政策，加大再贷款再贴现支持普惠金融力度[①]。普惠金融是我国“十四五”时期和实现2035年远景目标的重要方向之一。普惠金融这一概念最早由联合国在2005年提出，以可负担的成本为有金融服务需求的社会各阶层和群体提供适当、有效的金融服务。2018年中国普惠金融创新报告（2018）在北京公开发布，小微企业是我国普惠金融的重点服务对象。早在2015年国务院印发关于《推进普惠金融发展规划（2016—2020年）》的通知，就全面阐述了推进我国普惠金融发展的总体思路和实施意见。具体内容：鼓励开发性政策性银行以批发资金转贷形式与其他银行业金融机构合作，降低小微企业贷款成本；鼓励大型商业银行加快建设小微企业专营机构；拓宽小额贷款公司和典当行融资渠道，加快接入征信系统，研究建立风险补偿机制和激励机制，努力提升小微企业融资服务水平。根据中国银行保险监督管理委员会发布的数据显示，截至2021年4月，全国小微企业贷款余额45.94万亿元，其中普惠型小微企业贷款余额16.9万亿元，我国普惠金融贷款持续保持高速增长。实现小微金融的长期可持续发展，要从内部和外部两个方面协同发力。内部要促进银行机构不断完善内部体制机制，提高普惠金融指标的考核权重，实施专项考核激励，适当提高不良贷款容忍度，加大不良贷款处置核销力度，落实授信尽职免责制度。外部则要做到各部门强化政策落实保证，构建起良好的外部环境，出台普惠金融相关的货币政策，对小微企业实施税收优惠政策，设立普惠金融发展专项资金。

小微企业是国民经济发展的生力军，在稳增长、扩就业、调结构等方面发挥着极为重要的作用。经济新常态下，发展小微金融，为小微企业提供相应的金融服务，事关经济社会发展全局，对我国经济发展有着十分重要的战略意义。

小微金融战略内容主要围绕解决小微企业“融资难、融资贵”两大难题展开。其一，提高小微企业贷款覆盖率。国家鼓励传统银行精准市场定位，多层次服务小微企业，大型银行加快建设小微企业专营机构；邮政储蓄银行稳步发展小额涉农信贷业务，逐步扩大涉农业务范围；股

① 李克强. 政府工作报告——2020年5月22日在第十三届全国人民代表大会第三次会议上［EB/OL］.［2020-05-29］. http: //www.gov.cn/gongbao/content/2020/content_5517495.htm.

份制商业银行、城市商业银行和民营银行结合自身实际，服务基层不同领域小微企业。其二，降低小微企业贷款成本。加快推进金融基础设施建设，建立健全普惠金融信用信息体系，加快接入征信系统，研究建立风险补偿机制和激励机制，努力解决小微企业与银行信息不对称问题；促进互联网金融组织健康发展，加快制定行业准入标准和从业行为规范，建立信息披露制度，降低市场风险和道德风险。开发性政策性银行以批发资金转贷形式与其他金融机构合作，降低小微企业贷款成本。其三，积极鼓励网络支付机构服务电子商务发展，为社会提供小额、快捷支付，提升支付效率。

## 3.3 配套战略

我国政府历来重视小微金融发展，战略上重视，政策上不遗余力地支持，具体表现如下：

2005年，国家开发银行调研德国等多国微贷体系，坚定迈出我国发展小微金融第一步。2006年，格莱珉银行创始人穆罕默德·尤努斯访华，第一次向我国公众阐述了小微金融商业可持续化，引导金融市场下沉小微金融。同年，中国银行业监督管理委员会派员奔赴德国，系统学习监管小微金融发展经验，并于2007年批准《阿里巴巴网络中小企业联保贷款操作规定》，用实际行动鼓励商业银行下沉小微金融市场。我国小微金融迎来短暂发展时期。

然而，因未能协调风险控制、成本控制和规模发展三者的关系，我国小微金融发展严重受挫。2013年，面对受挫的小微金融市场，国务院和中国银行业监督管理委员会相继出台《国务院办公厅关于金融支持小微企业发展的实施意见》（国办发〔2013〕87号）、《银监会关于进一步做好小微企业金融服务工作的指导意见》（银监发〔2013〕37号），要求各地区、各有关部门和各金融机构要按照国务院的统一部署，进一步提高对小微企业金融服务重要性的认识，确保实现小微企业贷款增速与增量，继续坚持“两个不低于”（小微企业贷款增速不低于各项贷款平均水平、增量不低于上年同期水平）的小微企业金融服务目标。政策上要求商业银行必须发展小微金融，于商业银行而言，选做题变成必做题。

2013年，党的十八届三中全会首次明确提出发展普惠金融，并将发展普惠金融定位为国家战略。2015年《政府工作报告》中再次强调要大力发展普惠金融。同年12月31日，国务院印发《推进普惠金融发展规划（2016—2020年）》，明确规定小微企业是当前我国普惠金融重点服务对象。

为贯彻落实党中央和国务院关于金融支持小微企业发展的决策部署，持续改进小微企业金融服务，中国银行业监督管理委员会印发了《关于2015年小微企业金融服务工作的指导意见》（银监发〔2015〕8号），对银行小微金融服务提出更高要求——三个不低于：在有效提高贷款增量的基础上，努力实现小微企业贷款增速不低于各项贷款平均增速；小微企业贷款户数不低于上年同期户数；小微企业申贷获得率不低于上年同期水平。另外，要求商业银行优化信贷结构，单列全年小微企业信贷计划，并报送监管部门，执行过程中不得挤占、挪用。

2018年，《中国银监会办公厅关于2018年推动银行业小微企业金融服务高质量发展的通知》（银监办发〔2018〕29号）明确提出了“两增两控”的要求，进一步施压商业银行下沉小微金融市场。所有的商业银行都开始寻找可行的小微助贷路径。

2020年，新冠肺炎疫情暴发。疫情防控下，各大景区和商业场所关闭、辖内公交和客运班线运营暂停，小微企业经营活动停滞、盈利堪忧，小微企业贷款成为银行不良贷款重灾区。为贯彻落实党中央、国务院关于统筹推进新冠肺炎疫情防控和经济社会发展，强化“六稳”举措、进一步缓解企业融资难、融资贵问题的重要决策部署，2020年1月31日，《关于进一步强化金融支持防控新型冠状病毒感染肺炎疫情的通知》（银发〔2020〕29号）发布，对2020年小微金融服务工作提出要求总结如下：其一，要求服务于实现小微企业贷款“增量、扩面、提质、降本”的总体目标；其二，要求强化分类考核督促，把握好小微企业信贷投放总量与节奏。5家国有大型商业银行力争普惠型小微企业贷款余额上半年同比增速不低于30%，邮储银行和股份制银行努力完成“两增”目标，城市商业银行、民营银行、农村中小银行努力完成“两增”目标，开发性银行、政策性银行、外资银行和非银行金融机构则保持监测普惠型小微企业贷款余额、户数。

## 3.4 战略实践

纵观我国小微金融战略实践历程可知，我国小微金融可持续商业化之路，离不开国家小微金融政策的指导。国家小微金融相关政策的推动撬动了传统金融体系接纳小微企业金融的大门，而格莱珉模式则证实了小微金融在商业上的可持续性，中国银行业监督管理委员会批准《阿里巴巴网络中小企业联保贷款操作规定》，促进了商业银行金融服务下沉小微金融。

2008年6月，中国民生银行在北京等多个城市的调研结果显示：中小企业83%的融资需求量由亲友或民间借贷解决，100万元以内的融资金额占比67%，一年以内的短期融资占比86%。面对巨大的小微金融市场需求，时任中国民生银行董事长董文标明确提出“商户进支行、商户进柜台、做强做大零售支行”口号，举全行之力进军小微金融。2009年，中国民生银行把“做小微企业的银行”纳入该行发展战略，推出“商贷通”产品，将大量信贷资源倾斜投向小微企业。2008年，招商银行获中国银行业监督管理委员会批准，成立了同业第一家专营小企业信贷业务的小企业信贷中心。为配合小微企业信贷业务，不少商业银行从体制、流程上作出重大变革，“圈链会+信贷工厂”经营模式也在这一时期得到大规模应用。这对我国小微金融发展来说，无疑是一个重大的突破。

2013年，我国小微金融发展受挫。在党中央和国务院的统筹下，扶持小微金融发展的政策陆续出台，我国小微金融整体呈逐步复苏与繁荣之势。其一，小微企业贷款稳步增加，覆盖率稳步提升。根据中国银行保险监督管理委员会公布的《2018年银行业金融机构用于小微企业的贷款情况表》显示，截至2018年年底，商业银行的小微企业贷款金额合计13.1万亿元，环比增长12%；小微企业贷款覆盖率稳步提升，截至2018年11月末，小微企业贷款授信1 806万户，较2017年年末增长28%。其二，精准聚焦小微金融薄弱环节，创新小微金融产品和小微金融服务模式。以中国建设银行为例，2017年6月，中国建设银行广西区分行在全区14个地市同时举行“小微快贷系列产品发布会”，推出“小微快贷”。该互联网融资平台安全、便捷、合规，值得信赖。截至2018年年末，累计投放贷款超过7 100亿元，惠及55户小微企业。同时，中国建设银行实现“五化三一”，即“批量化获客、精准化画像、自动化审批、智能化风控、综合化服务”的小微金融服务模式，“一分钟融资，一站式服务，一价式收费”的客户信贷体验，精准对接客户需求，为小微企业提供匹配的贷款，提升客户综合服务获得感。

中国人民银行、中国银行保险监督管理委员会、财政部等相关部门于2020年6月出台了进一步对中小微企业贷款实施阶段性延期还本付息的政策，加大小微企业信用贷款支持力度。2020年上半年，全国银行业新发放普惠型小微企业贷款利率为5.93%，较上年全年利率水平下降0.77%，其中5家国有大型商业银行新发放此类贷款利率为4.25%，率先为支持小微企业发展做出表率。国务院金融稳定发展委员会办公室2021年5月宣布：根据统一部署，发展改革委、财政部、中国人民银行等单位将推出11条金融改革措施。其中，《商业银行小微企业金融服务监管评价办法》将完善对小微企业金融服务的激励约束机制，从信贷投放、内部专业化体制机制建设、监管政策落实、产品及服务创新等方面进行评价，设置差别化评价指标，对商业银行落实尽职免责要求，给予小微企业贷款差别定价，加强评价结果运用。

推进金融组织体系建设，建立小微企业融资平台。一方面，引导金融机构增加服务网点设置，建立专门针对小微企业贷款的政策性机构，鼓励民间资本参与设立村镇银行、贷款公司；另一方面，设立风险创业基金，降低资金使用过程中的风险。同时，不断完善资本市场，鼓励金融机构加大信贷支持力度，为小微企业融资制度提供建设性意见。

## 3.5 新常态对战略的升级与优化

经济新常态下，国家政策陆续出台，一直致力于解决小微企业融资难、融资贵等难题，但不可否认的是，我国部分商业银行仍对小微金融持抗拒态度，对发展小微金融仍属于“打一鞭子走一步”的状态。融资难、融资贵仍是经济新常态下小微金融发展最突出的特点。

首先，信息不对称是小微企业融资难、融资贵的根源所在，经济新常态下，我国小微金融发展战略应聚焦提高小微企业信息透明度：政府层面，加快建立“小微企业-信息和增信服务机构-商业银行”利益共享、风险共担的新机制；银行层面，善于利用数字技术搜集并分析客户信息，精准定位服务对象。

其次，提高银行对小微金融的认知水平，促进银行寻求自身经营转型，实现小微金融的商业可持续发展。经济新常态下，“稳经济、调结构”离不开小微企业健康发展，银行要为小微企业发展提供相应的金融服务。银行对未来业务发展应有清晰认识，伴随我国市场经济发展，大企业融资渠道越发多样，直接融资能力增强，对银行的依赖性大幅度降低，金融脱媒化日益突出。而小微企业对间接融资依赖性高，且愿意支付高利率，未来小微金融必将是商业银行新的利润增长点。小微企业分散于市场经济各行各业，银行要结合自身实际，有选择地提供多元化的小微金融服务。

最后，综合的扶持政策，2020年《政府工作报告》中指出，实施阶段性大规模减税降费，与制度性安排相结合，全年为市场主体减负超过2.6万亿元，其中减免社保费1.7万亿元。同时支持银行定向增加贷款并降低利率水平，对中小微企业贷款延期还本付息，国家设立了小微企业贷款融资专项资金和创业引导基金会，加大对小微企业的资金扶持，并出台一系列税费减免和政策支持。①小微企业所得税优惠政策。根据财政部、税务总局《关于实施小微企业和个体工商户所得税优惠政策的公告》（财政部　税务总局公告2021年第12号文件），在对于满足2019年关于小微企业普惠性税收减免优惠政策的企业，再减半征收企业所得税。②设立小微企业金融服务综合改革试点城市。为鼓励地方因地制宜、先行先试探索小微企业金融服务的创新发展模式，经财政部及多方决定共同开展财政支持深化民营和小微企业金融服务综合改革试点城市工作，中央财政采取以奖代补方式支持试点城市结合实际先行先试，引导金融服务在尊重市场规律的前提下“支小助微”，不断加强经验总结和推广复制，促进以点带面、上下联动，进一步优化我国小微企业发展环境，推动国家经济稳健发展。③实施阶段性大规模减税降费。后疫情时代，国家2020年助企和激发企业活力双向并举，帮助受疫情冲击最直接且量大面广的中小微企业和个体工商户渡过难关，实施减税与制度性安排相结合。

# 第4章　农业供给侧结构性改革的前因组态及其绩效研究

## 4.1　引言

在我国四个现代化实现的进程中，农业现代化是短板，农业为工业和服务业提供了坚实的基础，作出了巨大的牺牲。特别是当前国内外形势发生了巨大变化，传统的投资、消费、政府购买、出口等“四驾马车”引领需求乏力，党中央、国务院高屋建瓴地提出了供给侧结构性改革，从依靠外力转向自食其力，并在2015年12月24日至25日的中央经济工作会议中首次提出了“农业供给侧结构性改革”的论断，国务院于2017年发布《关于深入推进农业供给侧结构性改革　加快培育农业农村发展新动能的若干意见》，对农业供给侧结构性改革的方向、存在的问题、目标和策略作出了战略性规划。

到2020年底，农业供给侧结构性改革已经实践了五年，五年中学术界从多方面对农业供给侧结构性改革进行了研究。通过利用陈超美博士研发的CiteSpace，分析中国学术期刊网络出版总库（中国知网）中以“农业供给侧、农业结构性改革、农业改革”为主题的论文，发现2017年以2 262篇的数量达到顶峰（具体分布如图4-1所示）；研究主题集中在“农业供给侧结构性改革”“供给侧结构性改革”“供给侧”“农业农村发展”“新动能”；研究方法中理论研究居多，并且研究多从宏观角度进行探讨。

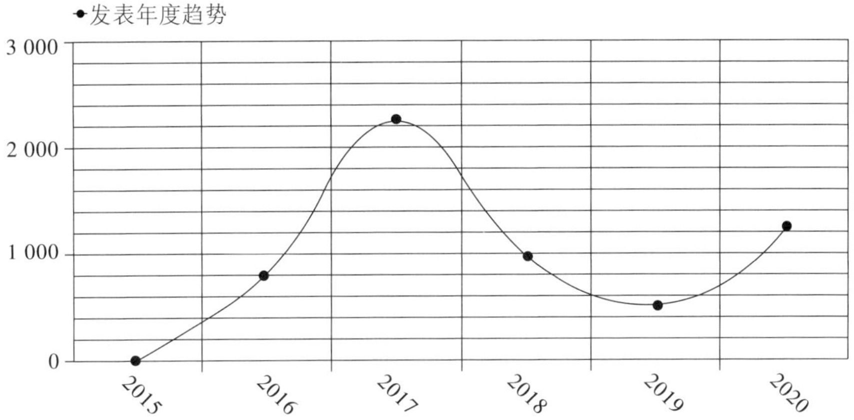


**图4-1　国内“农业供给侧结构性改革”研究文献年度分布图**

综上所述，五年中农业供给侧结构性改革的研究理论成果丰富，角度多样，但是通过统计也发现，采用实证研究农业供给侧结构性改革方面的文献较少，很少有学者使用模糊集fsQCA研究分析与归纳供给侧结构性改革的前因组态与绩效的关系，即使有也只是采用单一因素或者单一组态通过简单线性回归研究单因素与绩效的关系。鉴于此，本书将从以下几个方面研究供给侧结构性改革的前因组态与绩效的关系：（1）在研究对象上选择粤西区域的湛江市。湛江市是广东省沿海城市，是我国首次开放的14个港口城市之一，但是经济落后，农业主导，工业不发达，交通便利，具有显著的典型性。（2）研究方法上使用模糊集fsQCA进行研究，便于考察多因素和多组态研究，摒弃以往研究的严格限制条件，让结论更真实更切合实际情况。（3）研究内容采用实证研究，摒弃空泛的理论描述，探讨粤西地区具体哪个农产品或者哪些农产品、哪个农业行业或者哪些农业行业（如农林牧副渔）对供给侧结构性改革的贡献最大，通过哪些路径实现最大贡献。(4) 在研究结论上指出了具体产品和具体产业，对实践更具有指导意义。

## 4.2 理论分析与研究框架

### 4.2.1 理论分析

农业供给侧结构性改革是中国经济社会发展到一定阶段的产物，是中国特色的农业创造，在国外不存在“农业供给侧结构性改革”的提法，国外的研究集中于“农业改革”和“农业发展”。国内学者研究农业供给侧结构性改革多与政治（领导人讲话、政策性文件颁布）结合起来进行研究，鉴于本书主要研究农业供给侧结构性改革的前因组态及其绩效，因此本书从前因组态和绩效两个方面对农业供给侧结构性改革的文献进行梳理与分析。

石小丽（2017）对农业供给侧结构性改革与农产品的质量、种类结构、目标进行研究，把促进人们生活水平日益提高作为农业供给侧结构性改革的结果变量[①]。孔祥智（2016）认为我国通过农业供给侧结构性改革形成新型农业经营主体，在农业领域去产能、降成本、补短板，在价格机制中去库存[②]。吴海峰（2016）针对我国粮食优化率低的现状，提出要大力推广优质高产新品种，加快农作物品种升级换代，把产品品种作为前置条件，强调农业产品品种的重要性[③]。王威（2017）认为，“河南省农业发展的结构性矛盾十分突出。一方面，河南省农业发展重粮食作物、轻经济作物；重面积、轻品种，导致农业结构严重失衡。另一方面，粮食大面积生产和丰收，加重了粮食库存压力，市场上粮食供给出现严重的供过于求，导致粮食价格低迷，挫伤农户种粮积极性[④]。”他把作物种类、种植面积等作为前置变量。丁任重（2016）认为供给侧结构性改革是相对于需求侧而言的，供给侧结构性改革具体指的是包含

① 石小丽．农业供给侧改革的必要性与措施［J］．乡村科技，2017（2）：30-31．
② 孔祥智．农业供给侧结构性改革的基本内涵与政策建议［J］．改革，2016（2）：104-115．
③ 吴海峰．推进农业供给侧结构性改革的思考［J］．中州学刊，2016（5）：38-42．
④ 王威．河南省农业供给侧结构性改革研究［J］．乡村科技，2017（34）：26-28．

劳动力、土地、资本在内的生产要素的有效供给和高效率利用，他认为生产要素是农业结构性改革的前置条件[①]。刘霞辉（2013）认为供给管理并不是简单的生产产能的扩大，而是指更有效地重组市场和生产，提高产出效率，并促使供给和需求趋向均衡，其重点是提高要素供给的效率与质量，结构性改革主要包含两层含义：第一层含义是指针对结构性问题和体制缺陷而改革相应的体制机制；第二层含义是指供给侧结构性改革不是对原有制度的推倒重来，而是根据现实情况对原有制度的不足进行调整和优化，是关键领域的突破性改革，而不是全面否定[②]，他把要素和产品的数量和质量作为前置条件。何秀荣（2016）通过分析玉米、棉花等产品的生产量、消费量与库存量，认为我国农业供给侧存在的主要问题是因为竞争力差导致的被迫库存，表现为“虚假”的结构性问题，他开始从具体产品角度研究供给侧结构性改革[③]。张占仓（2017）从农业供给体系的质量和效率角度解释农业供给侧结构性改革[④]。陈鲲玲（2019）以新疆南疆四地州（新疆南疆四地州指的是喀什地区、和田地区、阿克苏地区、克孜勒苏柯尔克孜自治州）为研究对象，认为必须加快推进农业供给侧结构性调整，转变发展方式，推进体制机制创新，促进农村新业态的发展，构建现代农业产业体系、生产体系、经营体系，实现南疆四地州农业生产效率提升、农民收入增加、农村绿色发展的目标[⑤]。王冬等（2020）通过实证检验，证实改革水平高低与其增收效应呈不对称性、不同地区实现农民增收的比较优势具有差异性等特征[⑥]。

综上所述，学者们研究农业供给侧结构性改革试图把产品、要素、价格、质量等作为前置变量，把增收等作为结果变量。本书将继续采用以往学者的研究思路，结合粤西和湛江实际，选择部分产品和要素作为

① 丁任重．关于供给侧结构性改革的政治经济学分析［J］．经济学家，2016（3）：13-15.
② 刘霞辉．供给侧的宏观经济管理——中国视角［J］．经济学动态，2013（10）：9-19.
③ 何秀荣．关于我国农业经营规模的思考［J］．农业经济问题，2016（9）：4-15.
④ 张占仓．中国农业供给侧结构性改革的若干战略思考［J］．中国农村经济，2017（10）26-37.
⑤ 陈鲲玲．农业供给侧结构性改革：新疆南疆四地州农业结构调整思考［J］．新疆社会科学（汉文版），2019（6）：52-57.
⑥ 王冬，边志强．农业供给侧结构性改革能力评估及其增收效应分析——基于新结构经济学的视角［J］．西南民族大学学报（人文社会科学版），2020，41（12）：122-132.

前置变量，选择农民的可支配收入作为结果变量，因为农业的结构性调整最终目标通过农民增收来实现。

### 4.2.2 研究框架

供给侧结构性改革，重点是解放和发展社会生产力，用改革的办法推进结构调整，减少无效和低端供给，扩大有效和中高端供给，增强供给结构对需求变化的适应性和灵活性，提高全要素生产率①。这说明供给与需求是相对应的，离开需求谈供给是错误的，它们相互依存而诞生。因此，本书从供给市场出发，通过供给市场、需求市场和劳动力市场的关联作用构建本书的研究框架（如图4-2所示）。首先，以供给市场为出发点，以典型的农产品或者供给行业作为前置变量，它可以根据需求的变化调整典型的农产品或者供给行业的数量；其次，以需求市场作为刺激，引导供给数量变化和质量优化，促进农业结构调整，最终通过典型的农产品或者供给行业的数量、质量和结构变化体现；最后，以劳动力市场作为结果变量，反馈农业供给侧结构性调整引起农民可支配收入的增加。

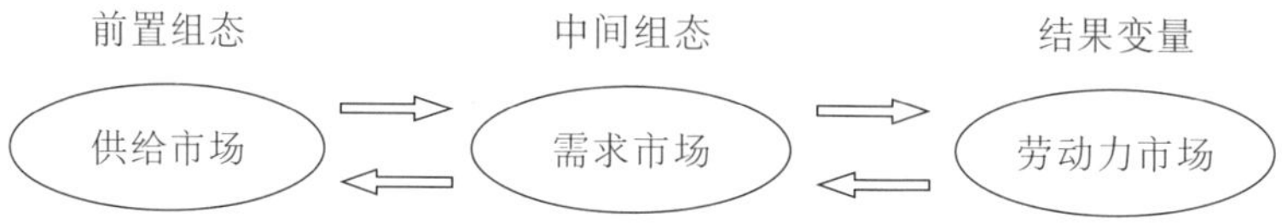


**图4-2 本书研究框架**

## 4.3 研究设计

### 4.3.1 研究方法

本书摒弃传统二元关系统计方法，尝试基于集合理论模型，使用fsQCA方法来探索粤西地区农业供给侧结构性改革的前因组态及其绩效研究议题，主要考虑以下几方面因素：第一，在解释力方面，fsQCA研究方

① 习近平. 习近平在省部级主要领导干部学习贯彻党的十八届五中全会精神专题研讨班上的讲话［N］. 人民日报，2016-05-10.

法聚焦变量组合对结果变量的综合解释力。在本书中单一的产品或者单一的市场无法解释它们对农村可支配收入的全部贡献，农村可支配收入可能由于非农业经济或者非供给侧结构性调整增加的收入，采用fsQCA方法就是考察它们的定性模糊关系，规避了传统方法解释变量遗漏的不足。第二，在解释对称性方面，fsQCA 方法并不强调解释变量与结果变量的对称性，因为可支配收入的增加并不一定导致农产品的变化，农产品的变化也并不一定导致可支配收入的增加，但是它们相互是有贡献的。第三，在冲突性方面，fsQCA 方法主张不同解释变量组合对结果变量可以存在互不冲突的等效关系，拓宽了我们的研究思路。第四，fsQCA方法结合了定性分析与定量分析优势，回应了少数案例定性分析的"可推广性"质疑，在一定程度上弥补了大样本分析对于定性变化和现象分析的不足。同时，与传统回归方法不同，fsQCA方法使用的是布尔代数，不会导致遗漏变量偏差，因此，fsQCA方法中没有控制变量的要求[①]。

### 4.3.2 样本选择与数据来源

结合本书的研究情境与研究的问题，本书认为以湛江为研究对象最为合适和贴切，选择的数据来源于湛江市统计局的农业数据和总统计指标数据；选择的时间为2010—2019年，因为2015年年底提出农业供给侧结构性改革，2010—2015年可以作为2016—2019年的对照组进行比较研究；使用的统计工具为Stata 13.0和Excel 2017。

### 4.3.3 变量测量与校准

1）结果与条件的测量

结果变量和条件变量的具体说明和表示见表4-1。

根据本书研究的需要，本书选择可支配收入和恩格尔系数为结果变量，因为农业供给侧结构性改革的目标是提高人民的生活水平，可支配收入提高了，农民的生活选择增多，消费效应得以提高。同理，恩格尔系数降低，表明农民的生活支出结果优化，生活水平也提高了。

① 杜运周，刘秋辰，程建青. 什么样的营商环境生态产生城市高创业活跃度？——基于制度组态的分析［J］. 管理世界（月刊），2020，36（9）：141-154.

表4-1 **变量及定义**

| 变量类型 | 变量名称 | 具体变量 | 变量符号 |
| --- | --- | --- | --- |
| 结果变量 | 供给侧结构性改革绩效 | 可支配收入 | income |
| | | 恩格尔系数 | egexs |
| 前因变量 | 产品变量 | 粮食作物播种面积、亩产量和总产量（单位：亩[1]、千克、吨） | sls、mls、tls |
| | | 稻谷播种面积、亩产量和总产量（单位：亩、千克、吨） | sgw、mgw、tgw |
| | | 糖蔗播种面积、亩产量和总产量（单位：亩、千克、吨） | stj、mtj、ttj |
| | | 花生播种面积、亩产量和总产量（单位：亩、千克、吨） | shs、mhs、ths |
| | | 蔬菜播种面积、亩产量和总产量（单位：亩、千克、吨） | ssc、msc、tsc |
| | | 水果播种面积和总产量（单位：亩、吨） | msg、tsg |
| | 产业变量 | 合计、农、林、牧、渔、服务业总产值指数 | tzcz、czn、czl、czm、czy、czfw |

根据粤西地区的产业和产品结构，以及湛江市统计局的专门统计，本书选择的产业条件变量为农、林、牧、渔、服务业总产值指数，采用指数便于消除价格对购买力的影响；本书选择的产品条件变量为粮食作物、稻谷、糖蔗、花生、蔬菜、水果的播种面积、亩产量和总产量，通过播种面积、亩产量和总产量的变化间接反映农业供给侧结构性改革对农业产品结构和质量的影响。

2）结果与条件的校准

与本书的结果和条件直接相关的 fsQCA 研究还处于空白状态，没

① 1亩=0.067公顷。

有直接的校准方法可以借鉴，但是在fsQCA研究方法中，集合论中的数据如果没有校准，是没有研究意义的，也不能被解读。因此本书参考经典的fsQCA研究方法教材，为变量进行校准，Ragin（2008）采用直接校准法，通过逻辑函数来实现原始数据在1（完全隶属）、0.5（交叉点）和0（完全不隶属）三个定性锚点间的分布①。由于本书的样本案例较少，统计数据属于地方的统计，不存在0的统计，因此本书采用中位数调整的方法进行校准，通过逻辑函数来实现原始数据在0.9（完全隶属）、0.5（交叉点）和0.1（完全不隶属）三个定性锚点。部分数据0.5与0.1没有差别，本书通过调查访问具体农户结合湛江市实际统计情况和数据特征，提高交叉点到0.8，通过计算，校准结果见表4-2和表4-3。

表4-2　　**结果变量与产业数值校准真值表**

| 年份 | 可支配收入（income） | 恩格尔系数（egexs） | 合计 | 农业总产值（Czn） | 林业总产值（czl） | 牧业总产值（czm） | 渔业总产值（czy） | 服务业总产值（czfw） |
|---|---|---|---|---|---|---|---|---|
| 2010 | 0.81 | 0.89 | 0.02 | 0.02 | 0.02 | 0.25 | 0.03 | 0.03 |
| 2011 | 0.74 | 0.98 | 0.05 | 0.05 | 0.05 | 0.16 | 0.05 | 0.05 |
| 2012 | 0.66 | 0.95 | 0.14 | 0.13 | 0.14 | 0.95 | 0.16 | 0.1 |
| 2013 | 0.59 | 0.94 | 0.26 | 0.26 | 0.16 | 0.71 | 0.29 | 0.17 |
| 2014 | 0.54 | 0.51 | 0.42 | 0.41 | 0.65 | 0.94 | 0.42 | 0.38 |
| 2015 | 0.6 | 0.46 | 0.59 | 0.58 | 0.35 | 0.96 | 0.64 | 0.58 |
| 2016 | 0.76 | 0.33 | 0.74 | 0.72 | 0.82 | 0.32 | 0.84 | 0.76 |
| 2017 | 0.89 | 0.27 | 0.87 | 0.85 | 0.87 | 0.07 | 0.93 | 0.87 |
| 2018 | 0.96 | 0.05 | 0.95 | 0.95 | 0.95 | 0.95 | 0.95 | 0.95 |
| 2019 | 0.99 | 0.04 | 0.98 | 0.98 | 0.97 | 0 | 0.96 | 0.98 |

① RAGIN C C. Redesigning Social Inquiry: Fuzzy Sets and Beyond [M]. Chicago: University of Chicago Press, 2008.

表4-3 **产品数值校准真值表**

Panel A

| 年份 | 粮食作物的播种面积（sls） | 粮食作物播种的亩产量（mls） | 粮食作物播种的总产量（tls） | 稻谷播种面积（sgw） | 稻谷播种亩产量（mgw） | 稻谷播种总产量（tgw） | 糖蔗播种面积（Stj） | 糖蔗播种亩产量（mtj） | 糖蔗播种总产量（ttj） |
|---|---|---|---|---|---|---|---|---|---|
| 2010 | 0.95 | 0.04 | 0.05 | 0.05 | 0.04 | 0.05 | 0 | 0.36 | 0 |
| 2011 | 0.82 | 0.54 | 0.05 | 0.05 | 0.38 | 0.50 | 0.06 | 0.50 | 0.50 |
| 2012 | 0.51 | 0.47 | 0.05 | 0.05 | 0.48 | 0.50 | 0.06 | 0.05 | 0.50 |
| 2013 | 0.95 | 0.94 | 0.95 | 0.95 | 0.93 | 0.50 | 0.50 | 0.50 | 0.06 |
| 2014 | 0.49 | 0.4 | 0.05 | 0.05 | 0.53 | 0.50 | 0.50 | 0.02 | 0.06 |
| 2015 | 0.49 | 0.67 | 0.05 | 0.95 | 0.66 | 0.50 | 0.50 | 0.26 | 0.50 |
| 2016 | 0.51 | 0.47 | 0.05 | 0.05 | 0.48 | 0.50 | 0.50 | 0.50 | 0.50 |
| 2017 | 0.51 | 1.00 | 0.95 | 0.05 | 1.00 | 1.00 | 0.50 | 0.51 | 0.95 |
| 2018 | 0.82 | 0.05 | 0.05 | 0.05 | 0.05 | 0.05 | 0.95 | 0.50 | 0.95 |
| 2019 | 0.51 | 0.6 | 0.05 | 0.05 | 0.82 | 0.50 | 0.95 | 0.09 | 0.95 |

Pand B

| 年份 | 花生播种面积（shs） | 花生播种亩产量（mhs） | 花生播种总产量（ths） | 蔬菜播种面积（ssc） | 蔬菜播种亩产量（msc） | 蔬菜播种总产量（tsc） | 水果播种面积（msg） | 水果播种总产量（tsg） |
|---|---|---|---|---|---|---|---|---|
| 2010 | 0.04 | 0.03 | 0.04 | 0.01 | 0.01 | 0.02 | 0.05 | 0.02 |
| 2011 | 0.05 | 0.05 | 0.05 | 0.06 | 0.06 | 0.05 | 0.05 | 0.36 |
| 2012 | 0.10 | 0.09 | 0.08 | 0.06 | 0.3 | 0.13 | 0.05 | 0.36 |
| 2013 | 0.63 | 0.30 | 0.29 | 0.94 | 0.62 | 0.72 | 0.50 | 0.05 |
| 2014 | 0.75 | 0.38 | 0.38 | 0.40 | 0.80 | 0.58 | 0.50 | 0.15 |
| 2015 | 0.39 | 0.25 | 0.21 | 0.72 | 0.30 | 0.46 | 0.50 | 0.58 |
| 2016 | 0.85 | 0.48 | 0.47 | 0.72 | 0.89 | 0.72 | 0.50 | 0.58 |
| 2017 | 0.23 | 0.15 | 0.13 | 0.23 | 0.24 | 0.23 | 0.50 | 0.83 |
| 2018 | 0.95 | 0.94 | 0.94 | 0.94 | 0.95 | 0.95 | 0.94 | 0.95 |
| 2019 | 0.98 | 0.99 | 1.00 | 0.99 | 0.98 | 0.98 | 1.00 | 0.98 |

## 4.4 实证分析

### 4.4.1 单个条件的必要性分析

本书依然采用主流的fsQCA方法，首先检验单个条件（包括单个条件的非集）是否构成结果变量的必要条件。结果变量使用农村居民的可支配收入，前因条件分产业条件和产品条件两组进行研究。fsQCA方法把一致性作为衡量必要条件的重要标准，从表4-4中可以看出，不管是产业条件还是产品条件，除了个别条件的非集外，单个条件的一致性均较低，低于0.8，因此，从单个前因条件看，均不构成提高农村居民可支配收入的必要条件，需要进一步采用组合条件对其进行分析。

表4-4 农村居民可支配收入的必要条件分析

| 条件 | 前因条件 | 一致性 | 覆盖度 | 前因条件 | 一致性 | 覆盖度 |
|---|---|---|---|---|---|---|
| 产业条件 | ncz | 0.656499 | 1.000000 | ~ncz | 0.564987 | 0.843564 |
| | lcz | 0.637931 | 0.965864 | ~lcz | 0.549072 | 0.824701 |
| | mcz | 0.549072 | 0.779661 | ~mcz | 0.602122 | 0.968017 |
| | ycz | 0.677719 | 0.969639 | ~ycz | 1.000000 | 0.479532 |
| | fwcz | 0.645889 | 1.000000 | ~fwcz | 0.557029 | 0.818713 |
| 产品条件 | sls | 0.793103 | 0.911585 | ~sls | 0.456233 | 1.000000 |
| | mls | 0.616711 | 0.897683 | ~mls | 0.611406 | 0.956431 |
| | tls | 0.249337 | 0.817391 | ~tls | 0.542440 | 0.813121 |
| | sgw | 0.210875 | 0.691304 | ~sgw | 0.848806 | 0.831169 |
| | mgw | 0.644562 | 0.905028 | ~mgw | 0.594164 | 0.967603 |
| | tgw | 0.595491 | 0.976087 | ~tgw | 0.697613 | 0.974074 |

续表

| 条件 | 前因条件 | 一致性 | 覆盖度 | 前因条件 | 一致性 | 覆盖度 |
|---|---|---|---|---|---|---|
| 产品条件 | stj | 0.599469 | 1.000000 | ~stj | 0.637931 | 0.877737 |
| | mtj | 0.436340 | 1.000000 | ~mtj | 0.774536 | 0.870343 |
| | ttj | 0.651194 | 0.987928 | ~ttj | 0.542440 | 0.813121 |
| | shs | 0.614058 | 0.931589 | ~shs | 0.586207 | 0.878728 |
| | mhs | 0.485411 | 1.000000 | ~mhs | 0.713528 | 0.848580 |
| | ths | 0.474801 | 0.997214 | ~ths | 0.716180 | 0.842434 |
| | ssc | 0.610080 | 0.907298 | ~ssc | 0.558355 | 0.853955 |
| | msc | 0.627321 | 0.918447 | ~msc | 0.574271 | 0.892783 |
| | tsc | 0.619363 | 0.964876 | ~tsc | 0.606101 | 0.885659 |
| | msg | 0.607427 | 0.997821 | ~msg | 0.632626 | 0.881701 |
| | tsg | 0.644562 | 1.000000 | ~tsg | 0.570292 | 0.836576 |

注：字母前没有“~”表示条件存在，字母前有“~”表示条件缺席。

### 4.4.2 条件组态的充分性分析

组态分析试图揭示多个条件构成的不同组态引致结果变量产生的充分性分析，按照前述思路，研究组合条件分为产业组合条件和产品组合条件，从宏观和微观两个角度分析农业供给侧结构性改革对绩效的影响。

1）产业条件组态的充分性分析

从表4-5中左侧呈现的四种组态中可以看出，无论是单个解（组态）还是总体解的一致性水平均要高于可接受的最低标准0.8，其中总体解的一致性为0.912454，总体解的覆盖度为0.981432，达到了目标要求，这四条路径体现的组态有助于理解提高农村居民可支配收入的充分条件组合。

表4-5 **产业条件组态的充分条件分析**

| 前因条件 | 可支配收入 | | | | 恩格尔系数 | | |
|---|---|---|---|---|---|---|---|
| | 路径 1 | 路径 2 | 路径 3 | 路径 4 | 路径 1 | 路径 2 | 路径 3 |
| ncz | ⊗ | ⊗ | ● | ● | ⊗ | ⊗ | ● |
| lcz | ⊗ | | ● | | ⊗ | | ⊗ |
| mcz | | ● | | ● | | ● | ● |
| ycz | ⊗ | ⊗ | ● | ● | ⊗ | ⊗ | ● |
| fwcz | ⊗ | ⊗ | ● | ● | ⊗ | ⊗ | ● |
| 一致性 | 0.850446 | 0.893082 | 1 | 1 | 0.982143 | 0.977987 | 0.923567 |
| 原始覆盖度 | 0.505305 | 0.376658 | 0.602122 | 0.350133 | 0.811808 | 0.573801 | 0.267528 |
| 唯一覆盖度 | 0.151194 | 0.0212202 | 0.281167 | 0.0291777 | 0.267528 | 0.0295203 | 0.0221402 |
| 总体解的一致性 | 0.912454 | | | | 0.945454 | | |
| 总体解的覆盖度 | 0.981432 | | | | 0.863469 | | |

注：●=核心条件存在，⊗=核心条件缺席，○=辅助条件存在，⊗=辅助条件缺席，空白表示该条件可存在亦可不存在。

组态1（~ncz*~lcz*~ycz*~fwcz）表示农村居民不从事农业、林业、渔业和农业相关的服务业，也可以提高他们的可支配收入，我们可以理解为通过农业供给侧结构性改革，农村劳动力进一步解放出来，通过从事非农业性活动提高可支配收入。但是不从事农业、林业、渔业和农业相关的服务业并不是核心缺席条件，只是辅助条件，表明农村居民并不非得不从事这些行业，而是通过不从事这些行业，留足时间促进他们从事高收入行业。

组态2（~ncz*mcz*~ycz*~fwcz）表示农村居民通过从事牧业，不从事农业、渔业和农业相关的服务业，是可以提高他们的可支配收入的。

组态3（ncz*lcz*ycz*fwcz）表示农村居民通过从事农业、林业、渔业和农业相关的服务业，也可以提高他们的可支配收入。

组态4（ncz∗mcz∗ycz∗fwcz）表示农村居民通过从事农业、牧业、渔业和农业相关的服务业，也可以提高他们的可支配收入。

从组态3和组态4可以发现，牧业与林业有替代作用，但是四种组态中，路径的各要素只是辅助条件，农村居民在从事其他工作的同时，通过这四种路径可以增加额外收入，提高他们的生活水平。

2）产品条件组态的充分性分析

产品条件组态研究，本书根据农业供给侧结构性改革的目标和粤西农业经济特征，选择粤西的主要农作物（粮食作物、稻谷、糖蔗、花生、蔬菜和水果）作为研究对象，分投入数量组（以种植面积）、质量组（以亩产量）和总量组（以总产量），对比研究在数量、质量和总量上是否贡献结构性改革的绩效（见表4-6）。

表4-6 **产品条件组态的充要条件分析**

| 前因条件 | 可支配收入 | | | 恩格尔系数 | | |
|---|---|---|---|---|---|---|
| | 产品供给路径 | 产出质量路径 | 总产量路径 | 产品供给路径 | 产出质量路径 | 总产量路径 |
| sls/mls/tls | ● | ⊗ | ⊗ | ● | ⊗ | ⊗ |
| sgw/mgw/tgw | ⊗ | ⊗ | ⊗ | ● | ⊗ | ⊗ |
| stj/mtj/ttj | ⊗ | ⊗ | ● | ⊗ | ⊗ | ⊗ |
| shs/mhs/ths | ⊗ | ⊗ | ● | ⊗ | ⊗ | ⊗ |
| ssc/msc/tsc | ⊗ | ⊗ | ● | ⊗ | ⊗ | ⊗ |
| msg/X/tsg | | | ● | | | ⊗ |
| 一致性 | 0.934132 | 1 | 1 | 0.913174 | 1 | 0.981073 |
| 原始覆盖度 | 0.413793 | 0.314324 | 0.312997 | 0.562731 | 0.437269 | 0.573801 |
| 唯一覆盖度 | 0.29443 | 0.210875 | 0.209549 | 0.562731 | 0.437269 | 0.573801 |
| 总体解的一致性 | 0.956947 | 1 | 0.974638 | 0.913174 | 1 | 0.981073 |
| 总体解的覆盖度 | 0.648541 | 0.517241 | 0.713528 | 0.562731 | 0.437269 | 0.573801 |

注：●=核心条件存在，⊗=核心条件缺席，○=辅助条件存在，⊗=辅助条件缺席，空白表示该条件可存在亦可不存在。

产品供给路径（sls*~sgw*~stj*~shs*~ssc），即以粮食种植为辅助产品，不种植其他农作物；可能受种植面积的影响，也可能因为其他农产品在本地区不好销售，种植粮食作物供家庭使用，减少家庭开支，进而提高自己的生活水平，提高家庭的可支配收入。

产出质量路径（~mls*~mgu*~mtj*~mhs*~msc）不支持农村居民种植农产品，高质量的投入可能导致高产量，引起农产品供给增加，需求不变的情况下，降低了家庭收入，经济学中“谷贱伤农”便是其中解释之一，需要政府合理配置农产品供给价格，保护农村农产品的合理市场价格。

总产量路径（~tls*~tgw*ttj*ths*tsc*tsg）只是把副产品（糖蔗、花生、蔬菜和水果）作为辅助产品供给，不支持供给粮食和谷物，可能粮食和谷物的收入相对于糖蔗、花生、蔬菜和水果偏低，是市场选择的结果。

3）产品、产业综合分析

从上述的分析中，我们可以发现，产品路径和产业路径都认为农业对提高农村居民可支配收入的贡献不大，提倡跳出农业或者不要种植农产品；即使从事农业或者种植农产品，也只能作为副业经营。

## 4.5 稳健性检验

本书对农村供给侧结构性改革业绩的前因组态进行了稳健性检验，采取了以下做法：第一，利用恩格尔系数作为前因变量，利用fsQCA方法进行补充性分析，结果见表4-5、表4-6和表4-7，体现结果稳健；第二，通过逻辑函数来实现原始数据在0.8（完全隶属）、0.5（交叉点）和0.2（完全不隶属）三个定性锚点，结果路径一致；第三，因为农业供给侧结构性改革是2015年年底提出，把数据以2015年（含2015年）以前和以后为两组进行对比分析，绩效路径一致。

表4-7 恩格尔系数的必要条件分析

| 条件 | 前因条件 | 一致性 | 覆盖度 | 前因条件 | 一致性 | 覆盖度 |
|---|---|---|---|---|---|---|
| 产业条件 | ncz | 0.372694 | 0.408081 | ~ncz | 0.900369 | 0.966337 |
| | lcz | 0.354244 | 0.385542 | ~lcz | 0.874539 | 0.944223 |
| | mcz | 0.642066 | 0.655367 | ~mcz | 0.600437 | 0.586354 |
| | ycz | 0.387454 | 0.398482 | ~ycz | 0.845018 | 0.968287 |
| | fwcz | 0.346863 | 0.386037 | ~fwcz | 0.911439 | 0.962963 |
| 产品条件 | sls | 0.885609 | 0.731707 | ~sls | 0.448339 | 0.706395 |
| | mls | 0.653136 | 0.683398 | ~mls | 0.590406 | 0.663900 |
| | tls | 0.295203 | 0.695652 | ~tls | 0.789668 | 0.555844 |
| | sgw | 0.330258 | 0.778261 | ~sgw | 0.754613 | 0.531169 |
| | mgw | 0.643911 | 0.649907 | ~mgw | 0.614391 | 0.719222 |
| | tgw | 0.590406 | 0.695652 | ~tgw | 0.695572 | 0.698148 |
| | stj | 0.418819 | 0.502212 | ~stj | 0.907749 | 0.897810 |
| | mtj | 0.439114 | 0.723404 | ~mtj | 0.784133 | 0.633383 |
| | ttj | 0.418819 | 0.456740 | ~ttj | 0.787823 | 0.848907 |
| | shs | 0.437269 | 0.476861 | ~shs | 0.795203 | 0.856859 |
| | mhs | 0.308118 | 0.456284 | ~mhs | 0.937269 | 0.801262 |
| | ths | 0.295203 | 0.445682 | ~ths | 0.939114 | 0.794072 |
| | ssc | 0.476015 | 0.508876 | ~ssc | 0.780443 | 0.858012 |
| | msc | 0.453874 | 0.477670 | ~msc | 0.741697 | 0.828866 |
| | tsc | 0.418819 | 0.456740 | ~tsc | 0.828413 | 0.870155 |
| | msg | 0.424354 | 0.501089 | ~msg | 0.904059 | 0.905730 |
| | tsg | 0.385609 | 0.430041 | ~tsg | 0.850554 | 0.896887 |

注：字母前没有“~”表示条件存在，字母前有“~”表示条件缺席。

## 4.6 结论与建议

农业供给侧结构性改革的效果需要农业占主导的区域数据进行检验，湛江地处粤西地区，又是典型的农业港口城市，选择湛江的农业数据有重要的理论意义和政策意义。本书运用模糊集定性比较分析（fsQCA）方法，利用湛江的统计数据，研究粤西地区农业供给侧结构性改革的前因组态及其绩效，从多产业、多产品角度，分析了供给侧结构性改革政策前后单一产业、单一产品、组合产业、组合产品对农业绩效的影响路径，为农业供给侧结构性改革奉献粤西经验。通过研究发现，农业和农产品对农业供给侧结构性改革的绩效贡献不高，各条路径均支持不跳出农业或者把其作为辅助产业，基于此我们提出以下建议：第一，从政治上保障农业的地位。农业是基础，从事农业工作应当作为光荣的职业受到社会的尊敬和爱戴，如果没有保障农业的地位，农村居民跳出农业，那么工业和服务业将被动摇，影响社会的稳定和长远发展。第二，完善农业市场，提高农业的市场化水平。农业对农村居民的绩效贡献不高，说明农产品的价格体系扭曲，从事农业没有比较优势，农产品不能完全根据市场机制运行，需要政府加强对农业的宏观调控。第二，加大对农业的科技投入，提高农业的规模效应和农产品的附加值效应。通过农业的规模效应和农产品的附加值效应提高农村居民的可支配收入，引导优秀人才从事农业工作，促进农业的良性运转。

# 第5章　乡村旅游能促进农村经济发展吗?——来自广东省的经验证据

## 5.1　引言

在理论研究中，钱贵霞、谷红阳（2020）通过对2015—2019年乡村振兴领域相关文献进行数据处理和内容挖掘发现，目前研究热点主要集中在“三农”战略工作、精准扶贫、乡村旅游、乡村治理和城乡融合等方面[①]；在社会实践中，薛枫（2018）统计发现，截至2017年，全国的休闲农业和乡村旅游各类经营主体已达33万家，营业收入近5 500亿元，全年全国乡村旅游达25亿人次，消费规模超过1.4万亿元，乡村旅游成为扶贫和富民新渠道[②]；在政策支持中，国家层面在实施新农村战略后，把乡村振兴战略纳入到党的十九大报告，乡村旅游不再是实施乡

---

① 钱贵霞，谷红阳. 中国乡村振兴研究现状与趋势展望［J］. 农业经济与管理，2020(05)：29-40.

② 薛枫. 2017年乡村旅游超过1.4万亿元　成为扶贫富民新渠道［EB/OL］.［2018-01-09］. http：//www.sohu.com/a/215917724_99899462.

村振兴战略的重要动力源，在优化乡村优质资源环境、拓展农村经济高质量发展新空间的过程中发挥了更加重要的作用[①]。

乡村旅游作为大自然赋予农村的特殊资源，为农村附加值形成和带动城乡良性互补发挥了重要作用，但是也呈现出各种社会现象，各地政府把发展乡村旅游作为必须发展的产业，旅游形式单一，旅游持续性差和配套设施匮乏，导致农村资源的巨大浪费。张琰飞（2020）等通过实地调查发现，贵州兴仁县塘山村旅游项目由于基础设施建设滞后，缺乏投资运营主体，致使塘山村乡村旅游资源长期未能得到有效开发；贵州安顺黄果树景区周边村寨旅游项目的旅游资源开发深度不够，只有少部分农户依靠旅游致富，乡村旅游扶贫开发的整体效益偏低；湖南古丈墨戎苗寨旅游项目游客在墨戎苗寨停留的时间比较短，旅游扶贫开发的整体效益偏低[②]。

既然乡村旅游是农村经济发展的特殊资源，为何又出现张琰飞调查发现的开发不足等现象呢？乡村旅游到底是经济社会发展的动力机制还是政绩考核下的表现形式，是个非常有意义的研究课题。本书将选用广东省的相关统计数据对乡村旅游的动力机制属性和政绩考核指标属性进行系统研究，试图作出如下创新：首先，从经济属性和政绩考核属性方面对乡村旅游进行辨析，以提高乡村旅游的经济价值和政绩考核价值；其次，把信息化和市场化这些市场主体研究范畴应用到乡村旅游社会范畴，为市场和社会联动机制研究牵线搭桥；最后，在研究方法上尝试采用实证研究法，研究概念的阶级性和经济性。

## 5.2 理论分析与研究假设

### 5.2.1 乡村旅游与发展动力

“发展为了什么，发展依靠什么”是一个领域从事实践活动必须深入思考的命题。党的十九大报告提出的“产业兴旺、生态宜居、乡

① 张碧星. 促进乡村旅游高质量发展［J］. 人民论坛，2018（32）：82-83.

② 张琰飞，朱海英，魏昕伊. 乡村旅游扶贫开发中的“反公地悲剧”治理多案例分析［J］. 农村经济，2020（7）：70-77.

风文明、治理有效、生活富裕”总要求为“发展为了什么”提出了思考路线。山清水秀、生态优美的乡村持续释放市场活力，艾媒统计的数据显示，2011—2020年，中国休闲农业与乡村旅游接待人数和增长率的市场潜力大，2020年受新冠肺炎疫情影响数据没有可比较性。如图5-1所示，发展乡村旅游是发展农村经济的重要路径的选择逐年显著。乡村旅游与农村经济发展的关系如何，学者们从理论和实证角度进行了研究。刘红梅等（2017）认为，乡村旅游的发展对农民增收起到了巨大的推进作用[①]；黄葵（2020）的研究表明，乡村旅游虽然受经济发展的影响，但实证结果肯定了乡村旅游的发展与区域经济发展有显著关系[②]；孙九霞（2020）等借助傣族园村寨、双廊村、天龙村、落水村和明月村等多案例研究发现，旅游发展为乡土空间重聚发展主体，将各类经济生产要素注入乡村，实现乡村在经济层面的产业结构多元化和空间多功能化，有效缓解甚至逆转乡村多重危机[③]。由此，提出如下假设：

假设1：乡村旅游与乡村经济发展相关。

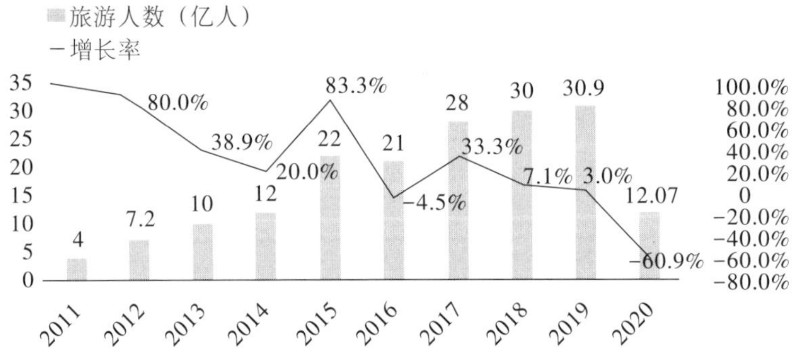


资料来源：中国文化和旅游部，中国农业农村部，艾媒数据中心（deta.llmeclla.cn）

**图5-1 2011—2020年中国休闲农业与乡村旅游接待人数和增长率**

① 刘红梅，肖泽平，杨素丹，等. 民族贫困地区乡村旅游景点时空演变分析——以渝东南地区为例［J］. 西南大学学报（自然科学版）. 2017，39（11）：164-171.

② 黄葵. 重庆市乡村旅游资源空间特征及其与乡村振兴关系研究［J］. 中国农业资源与区划，2020，41（4）：216-224.

③ 孙九霞，黄凯洁，王学基. 基于地方实践的旅游发展与乡村振兴：逻辑与案例［J］. 旅游学刊，2020，35（3）：39-49.

### 5.2.2 乡村旅游与政绩考核

发展乡村旅游是践行“绿水青山就是金山银山”的发展观战略、推进精准扶贫战略、缩小城乡发展差距战略和乡村振兴战略背景下的普遍路径，其发展速度和农村普及率与国家政策息息相关。学者们研究发现，国家政策对乡村旅游发展的作用日益显著[①]的同时，乡村旅游的构建也受到资源、市场以及政策等多方面的影响[②]。是否发展乡村旅游，怎么发展乡村旅游，受区域内的经济、政治、社会文化等多因素制约，不能把发展乡村旅游作为发展乡村的绝对经验，不能因为发展乡村旅游获取国家政策而顾此失彼。周贵平（2016）以江苏省为例，分析新型城镇化背景下我国乡村旅游生态化转型的必要性，指出发展乡村旅游不能以牺牲农业和生态环境为代价，应提倡人与自然和谐发展的乡村经济模式，实现城乡基础设施与公共服务一体化[③]。张琰飞（2020）比较不同乡村旅游扶贫开发模式的差异，分析“反公地悲剧”发生与治理的关键要素。目前乡村旅游发展按照政府考核规则条款建设，存在产品同质化、乡村城市化、景观园林化、文化沙漠化等短板[④]，由此，提出如下假设：

假设2：乡村旅游与政绩考核指标相关。

### 5.2.3 市场化与乡村旅游的政绩考核

乡村发展的不充分成为诸多社会冲突与问题的根源[⑤]。市场化水平是制约乡村经济发展诸多因素的重要因素。生产是为了交换和消费，形成生产、交换、分配和消费的良性生态圈，马克思在《资本论》中就发表了“从商品到货币是一次惊险的跳跃，如果掉下去，摔碎的不是商品，而是商品的所有者”的重要论断。发展乡村旅游，有产品的同时，

---

① 韦俊峰，何瀚林，明庆忠．中国休闲农业和乡村旅游政策的演进特征（2001—2018）——基于政策文本量化分析［J］．社会科学家，2019（3）：84-90.

② 杨美霞．新旅游时代乡村旅游目的地构建中应关注的若干问题——以泰州为例［J］．社会科学家，2020（4）：75-79.

③ 周贵平．新型城镇化背景下我国乡村旅游生态化转型分析——以江苏省为例［J］．中国农业资源与区划，2016，37（9）：172-175.

④ 王勇．高质量发展视角下推动乡村旅游发展的路径思考［J］．农村经济，2020（8）：75-82.

⑤ 刘正佳，李裕瑞，王介勇．新时代乡村振兴战略及其前沿观点——2018年博鳌亚洲论坛相关主题评述［J］．地理学报，2018，73（8）：1606-1609.

需要积极培育市场，提高本区域的市场化水平。20世纪70年代以来，由市场、社区和居民以及政府共同推动的乡村旅游逐渐在欧美国家出现并兴起，乡村与旅游相结合被认为是一条比较有效的全球乡村发展道路①。市场化的提高，增加了社会和个人对乡村旅游发展的多角度评价，规避单一政绩考核的评价，提高乡村旅游的内在适应性和外界挑战性。由此，提出如下假设：

假设3：乡村旅游的政绩考核指标通过市场化水平贡献乡村旅游的发展。

### 5.2.4 信息化与乡村旅游的政绩考核

乡村地区的功能不仅是农业商品生产，它们是娱乐、旅游、休闲、特种食品生产、消费和电子商务的场所，作为乡村旅游目的地也是乡村重要的功能之一②。乡村旅游是单一的旅游产品销售还是旅游平台的打造，是乡村旅游质的区别，“互联网+”为发展乡村旅游独辟蹊径，因此信息化与乡村旅游构成了关联网络。信息化有利于旅游产品的宣传，有利于旅游数据的生产，有利于旅游资源的整合，更有利于保障乡村治理兼顾秩序、效率和公正。江小涓等（2014）认为，从服务经济的一般性规律看，服务性产业的发展会受到在工业化、城市化、信息化背景下成长起来的关联产业的深刻影响③。由此，提出如下假设：

假设4：乡村旅游的政绩考核指标通过信息化水平贡献乡村旅游的发展。

### 5.2.5 城镇化与乡村旅游的政绩考核

程莉（2020）研究发现，城镇化和乡村旅游总体上显著促进农村经济增长④。随着城镇化率的提高，农民变成了城市居民，农村资源成为

---

① LANE B, KASTENHOLZ E. Rural tourism: the evolution of practice and research approaches-towards a new generation concept? [J]. Journal of Sustainable Tourism, 2015, 23 (8-9): 1133-1156.

② SAXENA G, CLARK G, OLIVER T, et al., Conceptualizing integrated rural tourism [J]. Tourism Geographies, 2007, 9 (4): 347-370.

③ 江小涓，等. 服务经济——理论演进与产业分析 [M]. 北京：人民出版社，2014.

④ 程莉. 城镇化、乡村旅游与农村经济增长 [J]. 农业经济与管理，2020 (1): 78-89.

少数人掌握的稀缺资源，进一步扩大农村资源市场。一方面，城镇化发展反哺农业农村的发展，为发展乡村旅游市场带来便利，让游客乡村游玩，城镇休息，获取物质与精神双丰收；另一方面，城镇化可以实现农村与城市在管理、技术、资本等要素的合理流动与共享。在城镇化的衬托下，农村的生态优势彰显，形成以城镇的中心辐射为纽带，构建“城市-农村-城市-农村”旅游块和旅游带，加速实现乡村旅游的市场化建设，降低了片面追求政治考核的约束，保障乡村旅游的持续性和生命力。由此，提出如下假设：

假设5：乡村旅游的政绩考核指标通过城镇化水平贡献乡村旅游的发展。

## 5.3 研究设计

### 5.3.1 模型设计

通过研究思路与研究假设的描述，我们使用面板数据回归方法，构建以下6个多元回归模型来研究乡村旅游对经济的贡献、乡村旅游的政绩考核指标成分和信息化、市场化及城镇化对乡村旅游的影响，这6个模型研究假设1到假设5，变量及其解释见表5-1：

模型1：$tour= f(invenue, fin, area, popu, year_{10-18})$

模型2：$tour = f(gov, fin, area, popu, year_{10-18})$

模型3：$tour = f(invenue, gov, fin, area, popu, year_{10-18})$

模型4：$tour= f(invenue, gov, market, gov*market, fin, area, popu, year_{10-18})$

模型5：$tour= f(invenue, gov, infou, gov*infou, fin, area, popu, year_{10-18})$

模型6：$tour= f(invenue, gov, cityh, gov*cityh, fin, area, popu, year_{10-18})$

表5-1 **变量说明表**

| 变量类型 | 变量名称 | 变量标识 | 预测符号 | 解释 |
| --- | --- | --- | --- | --- |
| 主要变量 | 经济发展 | invenue | | 2013—2018年，采用农村人均居民纯收入的自然对数衡量；2010—2012年，采用农村人均经济总收入的自然对数来衡量 |
| | 乡村旅游 | tour | + | 采用接待入境旅游人数除以乡村人口（人次/万人）衡量 |
| | 政绩考核指标 | gov | 不确定 | 采用农村专业技术协会、农村科普示范基地、示范乡镇、示范社区和示范户的总数量的自然对数衡量 |
| 调节变量 | 市场化水平 | market | + | 采用各市主要农副产品外贸出口量的自然对数衡量 |
| | 信息化水平 | infou | + | 采用各市亿元生产总值生产安全事故死亡率衡量 |
| | 城镇化水平 | cityh | + | 采用常住城镇人口占本市总人口比重衡量 |
| 控制变量 | 政府财政支农水平 | fin | + | 采用各市地方公共财政预算支出金额的自然对数衡量 |
| | 区域面积 | area | 不确定 | 采用各市客运量的自然对数衡量 |
| | 区域人口 | popu | 不确定 | 采用各市年末常住人口数的自然对数衡量 |
| 虚拟变量 | 年度 | $year_{10-18}$ | 不确定 | 年度哑变量 |
| | 地区 | $city_i$ | 不确定 | 城市哑变量 |

### 5.3.2 变量说明

1）主要变量

经济发展（invenue），由于广东农村统计年鉴2010—2012年没有统计具体城市农村人均居民纯收入数据，因此2010—2012年采用农村人均经济总收入的自然对数替代，2013—2018年采用农村人均居民纯收入的自然对数衡量。

乡村旅游（tour），根据数据可获得性，借鉴肖宏伟（2014）的方法，采用接待入境旅游人数除以乡村人口（人次/万人）衡量①，用来衡量乡村旅游发生的覆盖度，间接使用这个覆盖度测算乡村旅游的热度和发生的频率。

政绩考核指标（gov），我们采用农村专业技术协会、农村科普示范基地、示范乡镇、示范社区和示范户的总数量的自然对数衡量。国家政策的贯彻形式，需要低层组织的物质属性来反映，低层组织按照国家政策的要求，按照数量标准进行建设，最能反映各项活动的政治属性，因此本书采用这个指标来衡量。

2）调节变量

市场化水平（market），采用各市主要农副产品外贸出口量的自然对数衡量。农村市场化水平越高，对外贸易越活跃，否则市场化水平越低。本书利用市场化的调节机制，研究市场化对政绩考核指标的调节作用（用govmarket表示，采用gov*market衡量）对乡村旅游的贡献程度。

信息化水平（infou），一般信息化程度越高，越有能力处理各种突发事件，应急管理能力越强，因此本书采用各市亿元生产总值生产安全事故死亡率衡量信息化水平。本书利用信息化的调节机制，研究信息化对政绩考核指标的调节作用（用govinfou表示，采用gov*infou衡量）对乡村旅游的贡献程度。

城镇化水平（cityh），采用常住城镇人口占本市总人口比重衡量，城市人口比重越高代表城镇化水平越高。因为乡村旅游反映的是人的活

① 肖宏伟．乡村旅游发展对农民增收的影响研究——基于省际面板数据的空间计量分析［J］．发展研究，2014（11）：75-81.

动，本书没有使用面积属性和其他属性反映城镇化水平。本书利用城镇化的调节机制，研究城镇化对政绩考核指标的调节作用（用govcityh表示，采用gov*cityh衡量）对乡村旅游的贡献程度。

3）控制变量

政府财政支出水平（fin），使用各市地方公共财政预算支出金额的自然对数来衡量。由于每个市的财政政策不一样，导致变量可比性差，因此引入该控制变量。

区域面积（area），使用流动性面积比国土面积更能反映各地乡村旅游的覆盖难度和市场面积度，因此本书采用各市客运量的自然对数衡量。

区域人数（popu），采用各市年末常住人口数的自然对数衡量。

4）虚拟变量

本书采用广东省各市2010—2018年的面板数据进行分析，为了反映时间效应和地区差异效应，本书引入年度哑变量（$year_{10-18}$）和城市哑变量（$city_i$）。

### 5.3.3 数据来源

2008年，党的十七届三中全会通过的《中共中央关于推进农村改革发展若干重大问题的决定》指出“三农”战略问题是中国改革的焦点问题后，乡村旅游才雨后春笋般地发展起来。本书选择2010—2018年的数据为研究样本，使用的原始数据来自《广东统计年鉴》（2011—2020）、《广东农村统计年鉴》（2010—2020）、广东省统计信息网站，因为深圳已经完全城镇化，所以把深圳市的数据进行了扣除，为了避免变量存在严重的极端值问题，对连续变量进行了双侧共计1%的缩尾（Winsorize）处理，共得到156个观察值。统计工具采用Excel 2017和Stata 13.0。

## 5.4 实证分析

### 5.4.1 描述性统计

表5-2报告了各个变量的描述性统计值。研究的156个样本中经济发展（invenue）的平均值为9.85，最小值为8.71，最大值为13.37，相互差异不明显；乡村旅游（tour）的平均值为6.07，最大值为52.82，最小值为0.55，差异明显，报告了方差水平超过7.96；政绩考核指标（gov）的方差是1.81，信息化水平（infou）的方差是0.07，市场化水平（market）的方差是2.64，城镇化水平（cityh）的方差是19.15，说明了城镇化将有较大的调节作用。从控制变量的方差值看，它们之间相差不大。把各个变量的平均值与标准差一起分析，有利于分析各个变量的变化规律，但是不能反映它们之间的相互关系，为了更详细地研究它们之间的关系，需要做进一步分析。

表5-2　　**单变量的描述性统计**

| stats | invenue | tour | gov | infou | market | cityh | fin | area | popu |
|---|---|---|---|---|---|---|---|---|---|
| N | 156 | 156 | 156 | 156 | 156 | 156 | 156 | 156 | 156 |
| mean | 9.853313 | 6.067398 | 6.221069 | 0.121109 | 4.809446 | 62.645830 | 5.631832 | 8.778413 | 6.085223 |
| p50 | 9.610622 | 3.925962 | 6.222527 | 0.110000 | 5.422684 | 55.115000 | 5.595450 | 8.622724 | 6.075527 |
| sd | 0.858692 | 7.956255 | 1.808270 | 0.069434 | 2.641951 | 19.148970 | 0.677248 | 1.050278 | 0.506320 |
| min | 8.710441 | 0.549488 | 0 | 0.016000 | 0 | 35.060000 | 4.034418 | 7.065613 | 5.050881 |
| max | 13.370240 | 52.819130 | 10.212070 | 0.360000 | 8.819813 | 94.980000 | 7.826515 | 11.352400 | 7.306827 |

注：本表为本书研究所涉及变量的描述性统计结果，分别包含各个变量的样本数（N）、平均值（mean）、中位数（p50）、标准差（sd）、最小值（min）以及最大值（max）。

### 5.4.2 相关性分析

表5-3报告了各个变量的相关关系，通过Pearson系数体现。从表

5-3中可以看出，除了乡村旅游与市场化、政府财政支农水平与市场化、区域面积与市场化和信息化的相关系数不显著外，其他的变量之间基本在1%的显著性水平下显著。从相关系数的符号看，与本书假设和预测的方向一致。具体来看，乡村旅游与政绩考核指标、信息化水平、城镇化水平、财政支农水平、区域人口均在1%的显著性水平下显著，为后续更进一步研究提供了参考。有意思的是政绩考核指标与乡村旅游的相关系数为-0.428，负相关，与本书的假设有点偏差。乡村旅游与信息化水平的相关系数为-0.333，并不是说信息化阻碍乡村旅游的发展，因为本书采用的是发生率作为衡量指标，发生率越低说明市场化水平越高，所以在统计上显示信息化与乡村旅游负相关。

表5-3 **主要变量的 Pearson 相关系数表**

| | invenue | tour | gov | infou | market | cityh | fin | area | popu |
|---|---|---|---|---|---|---|---|---|---|
| invenue | 1 | | | | | | | | |
| tour | 0.221*** | 1 | | | | | | | |
| gov | -0.138* | -0.428*** | 1 | | | | | | |
| infou | -0.168** | -0.333*** | 0.381*** | 1 | | | | | |
| market | -0.170** | -0.012 | 0.190** | 0.289*** | 1 | | | | |
| cityh | 0.620*** | 0.450*** | -0.384*** | -0.425*** | -0.287*** | 1 | | | |
| fin | 0.294*** | 0.247*** | -0.207*** | -0.742*** | -0.11 | 0.541*** | 1 | | |
| area | 0.513*** | 0.109 | 0.239*** | 0.032 | 0.122 | 0.356*** | 0.298*** | 1 | |
| popu | 0.192*** | -0.322*** | 0.244*** | -0.342*** | -0.137* | 0.214*** | 0.646*** | 0.448*** | 1 |

注：下三角是 Pearson 相关系数；“*”“**”“***”分别表示估计系数在10%、5%、1%的显著性水平下显著。

### 5.4.3 回归分析

表5-4报告了乡村旅游主要变量的回归结果。模型一报告了不考虑政绩考核指标因素，乡村旅游与乡村经济的相关关系；模型二报告了不考虑乡村经济的情况下，乡村旅游受政绩考核指标的影响程度；模型三报告了同时考虑政绩考核指标和乡村经济的情况下，乡村旅游与它们的相互关系。下面我们具体分析这三个模型。

表5-4 乡村旅游主要变量的回归分析表

| 变量与模型 | 模型一 | 模型二 | 模型三 |
|---|---|---|---|
| invenue | 0.2606 | | -0.0537 |
| | -0.6193 | | -0.6258 |
| fin | 9.0418*** | 7.9970*** | 8.0070*** |
| | -0.8822 | -0.9689 | -0.9791 |
| area | 2.2232*** | 2.5335*** | 2.5585*** |
| | -0.5413 | -0.4691 | -0.5532 |
| popu | -15.0193*** | -13.7270*** | -13.7364*** |
| | -1.2424 | -1.3368 | -1.3457 |
| gov | | -0.6781** | -0.6837** |
| | | -0.2888 | -0.2969 |
| cons | 24.4572*** | 26.5393*** | 26.8852*** |
| | -6.7918 | -5.4338 | -6.7795 |
| N | 156 | 156 | 156 |
| $r^2$ | 0.536 | 0.5519 | 0.5519 |
| F | 43.613 | 46.4856 | 36.9455 |

注："*""**""***"分别表示估计系数在10%、5%、1%的显著性水平下显著。

模型一的F值是43.613，$r^2$为0.536，总体上看模型有参考价值。经济发展与乡村旅游的系数是0.2606，但是不显著，表明乡村经济发展与乡村旅游关系不大，但是正的系数与常理相符，可能的解释是乡村收入来源于乡村旅游发展的收入成分很少，甚至可以忽略不计，据相关报道，大多数乡村旅游受季节性、基础设施等因素的影响，没有持续性，一年中为了组织几次乡村旅游投入超过收入；乡村旅游与政府财政支农水平、区域面积、区域人口显著性水平表现为带“***”的数字，回归系数方向可能的解释如下：（1）乡村政府的政治表现积极性体现了各市地方公共财政预算支出的实际表现，公共预算支出越高，地方政府的表现欲望越高，导致乡村旅游与政府财政支农水平的回归系数为正值；（2）乡村旅游与区域面积的回归系数为正值，因为本书采用的是各市客运量作为区域面积的代理变量，客运量越高，相对区域面积越小，同理，客运量越高，区域面积越小，乡村旅游宣传和保障能力越大，越有利于乡村旅游的发展；（3）乡村旅游与区域人口的回归系数为负值，说明乡村旅游业吸引的是外来人口，本区域人口没有本地旅游的积极性。总之，模型一初步支持假设1，但是在显著性水平上体现与研究假设预测不一致。

模型二的F值是46.4856，$r^2$为0.5519，模型有参考价值。本模型中乡村旅游的政绩考核指标与乡村旅游的发展显著性水平较高，结论支持假设2。从回归系数上看，政绩考核指标的回归系数为-0.6781，说明乡村旅游的政绩考核指标与乡村旅游的发展反向运动，与国家反对形式主义越来越坚决有关。

模型三综合了乡村旅游的政绩考核指标和经济发展指标，结论与模型一和模型二的结论一致。

### 5.4.4 稳健性检验

本书从三个方面对上述结论做了稳健性检验，首先，更改回归方法，根据乡村旅游发展的程度分层，把普通线性回归改为采用probit的回归，结果也没有改变；其次，本书更改对控制变量的度量，财政支农水平使用农业机械化水平度量，区域面积使用国土面积，区域人口使用全市人口代替农村人口，对文中的模型重新回归，结果也没有改变；最后，乡村旅游用农村收入代替，虽然结果相符，但是结果不显著。基于以上三种改变，支持了实证研究结果。

## 5.5 进一步分析

为了研究政绩考核指标的作用，本书引入市场化、信息化和城镇化三个调节变量，具体研究乡村旅游的政绩考核指标发挥作用的路径和机制，分析市场化、信息化和城镇化与政绩考核指标的综合效应对乡村旅游发展情况的影响，具体回归结果见表5-5。

表5-5　　**乡村旅游调节变量的回归分析表**

| 变量与模型 | 模型四 | 模型五 | 模型六 |
|---|---|---|---|
| invenue | -0.3051 | -0.1192 | -0.7175 |
| | -0.5787 | -0.6395 | -0.6761 |
| fin | 5.3219*** | 8.1479*** | 7.1620*** |
| | -1.206 | -0.968 | -1.0124 |
| area | 3.0139*** | 2.8562*** | 2.2149*** |
| | -0.5327 | -0.5665 | -0.5309 |
| popu | -12.2658*** | -14.5465*** | -12.9747*** |
| | -1.2739 | -1.3759 | -1.288 |
| gov | -2.4164*** | 0.5508 | 2.2613*** |
| | -0.4895 | -0.5698 | -0.8442 |
| infou | -1.3e+02*** | | |
| | -24.4729 | | |
| govinfou | 16.1332*** | | |
| | -3.4636 | | |
| market | | 1.1747* | |
| | | -0.6237 | |
| govmarket | | -0.2388** | |
| | | -0.1001 | |
| cityh | | | 0.3253*** |
| | | | -0.0754 |
| govcityh | | | -0.0408*** |
| | | | -0.0119 |
| cons | 45.1710*** | 23.0840*** | 13.2124 |
| | -7.5957 | -7.6529 | -9.0716 |
| N | 156 | 156 | 156 |
| $r^2$ | 0.6246 | 0.5741 | 0.6042 |
| F | 35.1758 | 28.5021 | 32.27 |

注："*""**""***"分别表示估计系数在10%、5%、1%的显著性水平下显著。

### 5.5.1 市场化水平的调节作用分析

模型五报告了市场化水平通过乡村旅游的政绩考核指标发挥对乡村旅游的调节作用情况。从模型上看，市场化水平对乡村旅游的发展影响比较显著，回归系数为1.1747，说明市场化能够促进乡村旅游的发展。政绩考核市场化水平指标有两个“**”，表明市场化调节效应明显，政绩考核指标突然变得不显著，说明市场化削弱了政绩考核指标，促进乡村旅游业的发展。市场化高，乡村旅游将按照市场化运作，减少了行政约束，促进乡村旅游真正通过市场化机制惠及农村的发展。模型五的结果支持了假设3，乡村旅游的政绩考核指标通过市场化水平贡献乡村旅游的发展。

### 5.5.2 信息化水平的调节作用分析

模型四报告了信息化水平通过乡村旅游的政绩考核指标发挥对乡村旅游的调节作用情况。该模型的F值和$r^2$值相对于其他模型都高，说明模型更有效。从模型四中可以看出，信息化的回归系数和信息化调节变量govinfou的回归系数都在1%的显著性水平下显著，说明信息化水平提高了乡村旅游业的发展。主要原因可能如下，智能设备的普及提高了外界对乡村旅游的关注，乡村的信息化提高了对本区域旅游产品的推广，信息化保障了乡村旅游的安全和服务水平。模型四的结果支持了假设4，乡村旅游的政绩考核指标通过信息化水平贡献乡村旅游的发展。

### 5.5.3 城镇化的调节作用分析

模型六报告了城镇化水平通过乡村旅游的政绩考核指标发挥对乡村旅游的调节作用情况。该模型的F是32.27，$r^2$是0.6042，说明模型比较有价值。从模型六中可以看出，城镇化的回归系数和城镇化调节变量govcityh的回归系数分别是0.3253和-0.0408，都在1%的显著性水平下显著，说明城镇化水平提高了乡村旅游业的发展。模型六的结果支持了假设5，乡村旅游的政绩考核指标通过城镇化水平促进乡村旅游的发展。

## 5.6 结论与建议

发展乡村旅游是国家推行新农村建设和乡村振兴战略的主要实施路径，但是它是经济社会发展的动力机制还是政绩考核下的表现形式，是个非常有意义的研究课题。本书选用2010—2018年广东省的统计数据，系统地研究了乡村旅游与经济社会发展和政绩考核指标的相互关系，更进一步探讨了在市场化、信息化和城镇化的调节作用下，乡村旅游在经济社会发展和政治业绩中的角色变化，通过研究得出如下结论：（1）乡村经济社会发展对乡村旅游的贡献不显著；（2）乡村旅游的政绩考核指标与乡村旅游的发展显著负相关；（3）市场化、信息化和城镇化通过乡村旅游的政绩考核指标发挥调节作用对乡村旅游的发展显著相关。我们的研究对加强当前我国乡村旅游的监管具有重要启示意义。基于此提出如下政策建议：

第一，区域市场化水平在抑制乡村旅游的政绩考核指标方面起到了积极的作用，因此政府相关部门应进一步加强对乡村旅游的政绩考核指标进行督促和监管。例如，可以考虑通过政府的宏观调控，支持区域间的贸易往来，提高农村的市场化水平；通过市场披露乡村旅游的实际情况和给予乡村发展的必要支持，促进政府政策支持与乡村市场化建设良性循环，促进乡村旅游成为农村持久和支柱性产业，帮助农村发展。

第二，环境与制度方面，推进农村信息化建设和城镇化建设，推动工业反哺农业，城市支持农村的优势，变乡村旅游为乡村文化品牌和乡村物质优势，扩大乡村旅游市场容量和品牌影响力。通过提高信息化和城镇化水平，改革乡村治理，变政绩考核指标为政治优势，变政绩考核指标为市场支持，促进乡村旅游的发展。

第三，保障人民群众的监督权利，不断提高农业农村相关信息的透明度，保障国家各项政策在农业和农村的落地开花，把农村农民的积极性和创造性调动起来，形成大雁回巢，回家乡建家乡的主人翁精神，打造农村区域品牌。

# 第6章　小微金融赋能“三农”战略了吗?

## 6.1　问题的提出

“三农”战略问题是关系国家和社会稳定及发展的基础问题。“三农”战略问题的提出，农业供给侧结构性改革、乡村振兴、新农村建设等一系列国家政策的贯彻执行，农民收入的提高都反映了国家有信心、有决心、有恒心解决“三农”战略问题。中央政府的高度重视不代表地方政府能够不折不扣地认真执行，不等于各项政策能够产生实际效用。从代理理论看，当形式主义带来的收益超过贯彻执行带来的收益时，执行效果就会打折。比如，2020年第三季度国家的跟踪审计发现，全国有3个省的5家国有单位未按规定减免小微企业和个体工商户房租、担保费630.46万元；12个县粮食产后服务项目建设进展慢、质量不达标或未发挥作用；16个县9 717.69万元惠农补贴和涉农项目资金资产存在闲置、未及时发放、被挤占挪用等问题[①]。近两年受新冠肺炎疫情的影响，中小企业的发展和农村的发展自然成为中央政府的牵挂，在这关键时期，小微金融备受关注。刘国强在2020年11月6日国务院政策例行吹风会"金融机构合理让利落实进展有关情况"中说道："今年前10个月，金融系统按照商业可持续原则，通过降低利率为实体经济让利约6 250亿元，通过中小微企业延期还本付息和普惠小微信用贷款让利约2 750亿元，这两个渠道加起来共让利9 000亿元。"普惠金融政策力度之大，扶持金额之多，到底是形式还是落实到实处，落实的金额是否发挥了应有的作用，成为理论界和学术界关注的焦点。

粤西地区处于广东省经济欠发达区域，享受广东省带来的高度市场化和金融化的同时，也构成广东农业经济的中心地带，研究粤西地区的小微金融与"三农"战略的关系，具有显著的理论意义和政策意义。本书尝试研究小微金融在粤西地区是落地结果还是政策悬浮，希望作出一些创新：一是理论创新，现有文献研究侧重点在于小微金融自身的发展与变革，关注小微金融的服务效应的研究较少，本书将增加此领域的研究；二是实践创新，小微金融在服务中小企业的同时，在服务"三农"战略上也发挥了作用；三是研究视角的创新，本书选择粤西地区，不仅有产业化、市场化和金融化基础，还具备其他落后城市同质的农业短板，样本代表性和典型性都比较突出。

## 6.2 理论基础与研究假设

### 6.2.1 小微金融与农业产业结构调整

农业技术落后，农业抗击风险能力薄弱，导致农业大发展受自然环境和外部冲击的影响大，特别受农业政策冲击较大。钟优慧等（2009）认为财政支农政策能够提高农业经济的活力，引导农业产业结构优化升

① 中华人民共和国审计署办公厅. 2021年第1号公告：2020年第三季度国家重大政策措施落实情况跟踪审计结果［EB/OL］.［2021-01-05］. http://www.audit.gov.cn/n5/n25/c142989/content.html.

级[①]；郭永清等（2019）通过安徽省的经验数据认为，财政支农与农业产业结构优化之间存在着显著的正相关，尽管政策存在滞后性[②]；金芳等（2020）以1997—2016年中国31个省份的经验数据验证发现，财政支农政策整体上对农业产业结构合理化的影响不显著，但是会引导产业结构优化升级[③]；但也有学者认为领导干部的工作业绩及升迁机会和经济指标关系密切，从这个角度看，农民利益和领导干部的利益捆绑在一起，通过领导干部的作用，国家政策的执行导致农业结构调整[④]。但是从文献中直接研究小微金融与农业产业结构调整的很少，小微金融属于货币政策的渠道之一，其作用的发挥与财政政策有相似之处：一是小微金融的发展受地方政府和金融机构的影响，地方政府为了提高工作业绩，在利益博弈中与小微金融提供方达成均衡，农业农村获得小微金融的帮助，提高了农业生产要素的优化配置效益，引导农业产业结构调整；二是随着国家供给侧结构性改革和乡村振兴等惠农大趋势，小微金融为获得更多的市场机会，将向农业农村倾斜；三是由于农民个人金融能力的限制，小微金融的主要需求方是农业大户或者农业生产企业，特别是2020年突发新冠肺炎疫情后，农业大户和农业生产企业的抗击风险能力变弱，小微金融扶助农业大户和农业生产企业有利于提高小微金融的政治形象；四是受市场经济的影响，农业农村是小微金融争夺的市场。基于此，本书提出如下假设：

假设1a：小微金融的发展能够影响农业产业结构优化；

假设1b：在其他条件一定的情况下，小微金融影响农业产业结构受区域政策的影响显著。

### 6.2.2 小微金融与粮食生产

农业产业结构调整，表现为农业、工业和服务业之间的结构性调整

① 钟优慧，杨志江. 财政支农与农业产业结构调整［J］. 黑龙江对外经贸，2009（3）：141-142.

② 郭永清，徐云帆. 财政支农力度与农业产业结构优化的关系研究——以安徽省为例［J］. 上海管理科学，2019，41（1）：13-16.

③ 金芳，金荣学. 财政支农影响农业产业结构变迁的空间效应分析［J］. 财经问题研究，2020（5）：82-91.

④ 孙大鹏，王玉霞. 农业产业结构供给侧改革的诱致性与强制性变迁——以铁岭市昌图县为例［J］. 财经问题研究，2017（7）：110-117.

和优化。农业属性决定粮食生产是影响农业经济的最关键和最重要的因素。因此，研究粮食生产在农业结构调整中的意义显著。但是当前粮食供给面临资源环境约束趋紧、种粮效益持续下降、农业劳动力转移、国际竞争力弱、支持保护政策空间有限等突出问题①，学者们开始从多角度研究如何保护粮食生产的有效供给。邹娜等（2016）提出"平台+现代物流+网络金融+农户"是网络经济下农产品流通最重要的实践形式②，把网络金融作为保障农民的利益红利；辛毅等（2020）使用结构方程模型实证研究农民粮食生产积极性的主要影响因素，并验证了外部激励因素对农民粮食生产积极性有正向影响③，小微金融向农业农村倾斜，有利于农业农村获取资金，提高农业抗风险能力，提高农民生产粮食的积极性；李明文等（2020）研究认为，省级粮食生产技术选择指数按功能区不同呈现依次递减的规律，且表现出正向的空间溢出效应④，农业技术的进步与国家政策和金融政策高度相关，加大金融投入，改善农业基础设施，提高农业的抗风险能力，一般情况下，农业基础设施的完善程度与农业抵抗自然灾害的能力呈正相关⑤。基于此，本书提出如下假设：

假设2a：小微金融与粮食生产显著相关；

假设2b：在其他条件一定的情况下，小微金融与粮食生产的关系是通过系列中介变量引起的，导致小微金融与粮食生产的关系不是简单的线性关系。

### 6.2.3 小微金融、粮食生产与农业产业结构调整

刘丽辉等（2014）的研究表明，农业结构调整是政策驱动、国内外市场需求拉动、农业技术推动多因素共同作用的结果⑥；国亮等

① 刘泽莹，韩一军．乡村振兴战略下粮食供给面临的困境与出路［J］．西北农林科技大学学报（社会科学版），2020（2）：10-18．

② 邹娜，郝大江．网络经济背景下的农产品流通模式创新［J］．首都经济贸易大学学报，2016，18（2）：83-88．

③ 辛毅，李佳鑫，程超越．农民粮食生产积极性的测度分析［J］．农业经济与管理，2020（3）：30-41．

④ 李明文，王振华，张广胜．农业政策对粮食生产技术选择影响及空间溢出效应［J］．农林经济管理学报，2020，19（2）：151-160．

⑤ 秦德智，邵慧敏．我国农业产业结构调整动因分析——基于扩展的柯布—道格拉斯生产函数［J］．农村经济，2016（5）：59-63．

⑥ 刘丽辉，吴彩容．农业结构调整成效及其影响因素的协整分析［J］．经济问题，2014（7）：85-89．

（2017）以供给侧结构性改革为背景，提出“从静态的角度看，农业产业结构的决定因素主要囊括三大方面，分别是竞争能力、资源情况与市场需求，而着眼于动态角度，则会发现农业是符合产业发展与变化的一般规律”的观点；李赫然（2018）认为农村产业结构调整，首先要以市场为导向，其次要以绿色发展理念为指导，最后要因地制宜，通过技术进步提高我国农业的综合生产能力①。小微金融通过国家的政策形式影响农业产业结构；粮食生产以市场驱动形式调整产量和作为农业结构的主要资源，通过动态变化影响农业产业结构；小微金融对粮食生产的影响是通过系列中介，间接体现在技术上。基于此，本书提出如下假设：

假设3a：小微金融通过粮食生产的中介效应显著影响产业结构；

假设3b：在其他条件一定的情况下，导致小微金融影响产业结构不是简单的线性影响。

## 6.3 研究设计

### 6.3.1 模型构建

通过上述理论分析，产业结构的调整与小微金融、粮食生产的关系并非简单的直线关系，因此，本书建立非线性模型研究它们之间的关系。建立模型如下：

$$cyjc = a_0 + a_1 \times lnxwjr + a_3 \times lnpopu + a_3 \times lnrevenue + \sum city + \sum year + \varepsilon_1 \quad (1)$$

$$cyjc = b_0 + b_1 \times lnxwjr + b_2 \times lnxwjr^2 + b_3 \times lnpopu + b_4 \times lnrevenue + \sum city + \sum year + \varepsilon_2 \quad (2)$$

$$cyjc = c_0 + c_1 \times lnxwjr + c_2 \times lnxwjr^2 + c_3 \times lnyield + c_4 \times lnyield^2 + c_5 \times lnxwjr \times lnyield + c_6 \times lnpopu + c_7 \times lnrevenue + \sum city + \sum year + \varepsilon_3 \quad (3)$$

模型（1）为基础模型，检验产业结构优化与小微金融的关系；模型（2）为进一步研究产业结构优化与小微金融的具体关系，体现产业结构优化与小微金融之间的非线性关系；模型（3）验证小微金融影响

① 李赫然．以生态文明建设推动农村经济转型升级［J］．人民论坛，2018（24）：78-79.

产业结构优化通过粮食生产的中介作用实现。cyjc代表产业结构优化，lnxwjr代表小微金融水平，$lnxwjr^2$代表小微金融水平的平方，lnyield代表粮食生产量，$lnyield^2$代表粮食生产量的平方，lnpopu代表区域人口，lnrevenue代表农村个人年度可支配收入，city为城市哑变量，year为年度哑变量。

### 6.3.2 变量定义

1）主要变量

产业结构优化（cyjc）。目前，对农业产业结构优化的测度方面通常使用第三产业与第二产业的产值比值进行衡量①。由于本书研究样本来自各区县，区县的主要产业为农业和服务业，因此在衡量产业结构优化的指标上，第二产业使用地区生产总值来代替。

小微金融水平（lnxwjr）。鉴于年鉴中没有直接反映小微金融的数据，参考学者们对小微金融的定义，结合本书的研究对象，本书采用服务农业农村的金融定义小微金融，使用总贷款数衡量。为了避免财政支出对产业结构优化的影响，本书采用各县（市）区地区贷款总额除以一般财政公共支出的自然对数来计算小微金融水平。

粮食生产量（lnyield）。直接取自统计年鉴中的粮食生产量，考虑数据的不平稳和数值过大影响统计结果，本书采用各县（市）区地区粮食生产量的自然对数衡量。

2）次要变量

小微金融水平二次方（$lnxwjr^2$）和粮食生产量二次方（$lnyield^2$），度量小微金融和粮食生产量与因变量之间的非线性关系。

粮食生产量的中介效应（lnxwjr*lnyield）。参考计量经济模型衡量中介效应的方法，使用小微金融水平与粮食生产量的乘积衡量，反映粮食生产量对小微金融影响产业结构优化的中介效应。

3）控制变量

由于农业产业结构调整受国家政策和技术等外部冲击的影响很大，

① 干春晖，郑若谷，余典范. 中国产业结构变迁对经济增长和波动的影响［J］. 经济研究，2011（5）：4-16.

本书选取所在城市和当年时间哑变量作为控制变量。产业结构和粮食生产受区域人口的影响，本书把区域人口（lnpopu）也作为控制变量来考察，考虑区域人口的不平稳和数值过大影响统计结果，本书采用各县（市）区年末常住人口数的自然对数衡量。

产业结构直接影响农村个人年度可支配收入（lnrevenue），因此把它也纳入控制变量。农村个人年度可支配收入值直接取自统计年鉴中的农村人均居民纯收入，考虑数据的不平稳和数值过大影响统计结果，本书采用农村人均居民纯收入的自然对数衡量。

具体变量说明见表6-1。

表6-1 **变量说明表**

| 变量类型 | 变量名称 | 变量标识 | 预测符号 | 解释 |
|---|---|---|---|---|
| 主要变量 | 产业结构优化 | cyjc | | 采用各县（市）区地区第三产业产值占地区生产总值的比率来衡量 |
| | 小微金融水平 | lnxwjr | − | 采用各县（市）区地区贷款总额除以一般公共财政支出后的自然对数衡量 |
| | 粮食生产量 | lnyield | + | 采用各县（市）区地区粮食生产总量的自然对数衡量 |
| 次要变量 | 小微金融水平二次方 | $lnxwjr^2$ | 不确定 | 采用各县（市）区地区贷款总额除以一般公共财政支出后的自然对数的平方衡量 |
| | 粮食生产量二次方 | $lnyield^2$ | 不确定 | 采用各县（市）区地区粮食生产总量的自然对数的平方衡量 |
| | 粮食生产量的中介效应 | lnxwjr*lnyield | + | 采用小微金融水平与粮食生产量的乘积衡量 |
| | 区域人口 | lnpopu | 不确定 | 采用各县（市）区年末常住人口数的自然对数衡量 |
| | 农村个人年度可支配收入 | lnrevenue | 不确定 | 采用农村人均居民纯收入的自然对数衡量 |
| 虚拟变量 | 年度 | year | 不确定 | 年度哑变量 |
| | 地区 | city | 不确定 | 城市哑变量 |

### 6.3.3 样本构成与数据来源

本书选择的原始数据来自《广东统计年鉴》（2011—2020）、《广东农村统计年鉴》（2010—2020）、广东省统计信息网站，粤西地区统计局（湛江市、茂名市和阳江市）。考虑到部分数据缺失，本书直接删除残缺数据，得到177个观察数据，具体分布如表6-2，统计工具采用Excel 2017和Stata 13.0。

表6-2 **样本构成**

| 地区 | 湛江市 | 茂名市 | 阳江市 | 总数 |
| --- | --- | --- | --- | --- |
| 样本个数 | 100 | 44 | 33 | 177 |

## 6.4 实证分析

### 6.4.1 描述性统计

1）单变量的描述性统计

表6-3报告了全样本单变量的描述性统计情况，产业结构、小微金融、小微金融二次方、农村个人年度可支配收入、粮食生产量和粮食生产量的二次方的均值分别为0.41、0.52、25.06、9.39、11.38、131.50。为了考察不同区域的差异情况，根据样本特征，把样本分成两组，湛江市样本为一组（组B），阳江市和茂名市样本为一组（组A），从表6-4的分组样本比较看，组A和组B除了小微金融外，其他变量的均值和方差的方向都一致，差异符合理想状态。但是两组的小微金融变量的方向相反，说明小微金融受地区影响比较大，如何影响，本书将做进一步研究。

表6-3　　**总样本单变量的描述性统计表**

| stats | cyjc | lnxwjr | $lnxwjr^2$ | lnrevenue | lnyield | $lnyield^2$ | lnpopu |
|---|---|---|---|---|---|---|---|
| N | 177 | 177 | 177 | 177 | 177 | 177 | 177 |
| mean | 0.414723 | 0.524322 | 25.060890 | 9.386211 | 11.375010 | 131.492000 | 3.520722 |
| p50 | 0.422624 | 3.246456 | 13.184920 | 9.472320 | 11.828630 | 139.916600 | 4.035961 |
| sd | 0.141570 | 4.992676 | 23.730510 | 0.778398 | 1.453663 | 30.947740 | 1.469821 |
| min | 0.085193 | -8.634385 | -0.992534 | 0 | 7.598900 | 57.743290 | -0.494296 |
| max | 0.833555 | 4.982481 | 74.552600 | 10.250430 | 12.890020 | 166.152600 | 5.135798 |

注：本表为本书研究所涉及变量的描述性统计结果，分别包含各个变量的样本数（N）、均值（mean）、中位数（p50）、标准差（sd）、最小值（min）以及最大值（max）。

表6-4　　**分组样本单变量的描述性统计表**

组 A：

| stats | cyjc | lnxwjr | $lnxwjr^2$ | lnrevenue | lnyield | $lnyield^2$ | lnpopu |
|---|---|---|---|---|---|---|---|
| N | 77 | 77 | 77 | 77 | 77 | 77 | 77 |
| mean | 0.4226172 | -3.003573 | 42.735680 | 9.379599 | 12.027350 | 145.654000 | 4.169014 |
| p50 | 0.4530252 | -7.142297 | 51.012400 | 9.500753 | 12.480580 | 155.764800 | 4.555560 |
| sd | 0.1077765 | 5.844470 | 26.459330 | 1.1318700 | 1.004940 | 22.577810 | 0.9730452 |
| min | 0.0851932 | -8.634385 | 7.554833 | 0 | 9.109967 | 82.991500 | 1.712734 |
| max | 0.5738598 | 4.982481 | 74.552600 | 10.250430 | 12.890020 | 166.152600 | 5.135798 |

组 B：

| stats | cyjc | lnxwjr | $lnxwjr^2$ | lnrevenue | lnyield | $lnyield^2$ | lnpopu |
|---|---|---|---|---|---|---|---|
| N | 100 | 100 | 100 | 100 | 100 | 100 | 100 |
| mean | 0.408644 | 3.240801 | 11.451310 | 9.391303 | 10.872700 | 120.587300 | 3.021536 |
| p50 | 0.394574 | 3.404046 | 11.587600 | 9.413386 | 10.982400 | 120.615300 | 3.418084 |
| sd | 0.163179 | 0.978827 | 5.798044 | 0.305956 | 1.547760 | 32.175350 | 1.592240 |
| min | 0.103225 | 0.996260 | 0.992534 | 8.709300 | 7.598900 | 57.743290 | -0.494296 |
| max | 0.833555 | 4.760269 | 22.660160 | 9.953800 | 12.79232 | 163.64340 | 4.687799 |

注：本表为本书研究所涉及变量的描述性统计结果，分别包含各个变量的样本数（N）、均值（mean）、中位数（p50）、标准差（sd）、最小值（min）以及最大值（max）。

2）相关性分析

表6-5报告了研究变量的相关关系。从它们的相关关系看，产业结构与小微金融、粮食生产量和粮食生产量的二次方、农村个人年度可支配收入、区域人口都在1%的水平上显著，从相关系数的符号上看，除粮食生产量的二次方外，都是负相关，与预期方向一致。小微金融与粮食生产量、农村个人年度可支配收入、区域人口也负相关，可能的解释是小微金融促进农村第三产业的发展，减少了粮食生产量，相应地减少农村个人年度可支配收入，这与研究假设预期相差很大。从研究假设和描述性统计我们发现，小微金融受地方影响较大，因此，这个结果只是作为参考，具体表现需要进一步研究。

表6-5 **主要变量的 Pearson 相关系数表**

| 变量 | cyjc | lnxwjr | $lnxwjr^2$ | lnyield | $lnyield^2$ | lnrevenue | lnpopu |
|---|---|---|---|---|---|---|---|
| cyjc | 1 | | | | | | |
| lnxwjr | -0.293*** | 1 | | | | | |
| $lnxwjr^2$ | 0.043 | -0.921*** | 1 | | | | |
| lnyield | -0.238*** | -0.422*** | 0.513*** | 1 | | | |
| $lnyield^2$ | -0.196*** | -0.453*** | 0.528*** | 0.997*** | 1 | | |
| lnrevenue | 0.268*** | -0.049 | -0.021 | 0.013 | 0.016 | 1 | |
| lnpopu | -0.260*** | -0.435*** | 0.544*** | 0.978*** | 0.969*** | 0.013 | 1 |

注：下三角是 Pearson 相关系数；"*""**""***"分别表示估计系数在10%、5%、1%的显著性水平下显著。

### 6.4.2 显著性检验与分析

为了分析各研究变量受地方差异的影响程度，本书将按照描述性统计组A和组B的分组方法，对样本进行t检验和秩和检验。从表6-6中可以看出，分区域后，变量小微金融、粮食生产量和区域人口的平均值和平均秩都呈现显著差异，分别在1%的水平上显著，进一步说明了小微金融的区域差异。因为小微金融的区域性差异，收入和人口等变量也显示区域性差异，说明模型选择变量可取。但是区域差异显著为负，说明一些区域青睐小微金融，一些区域排斥小微金融，无论如何影响，小微金融都体现了区域影响，与本书的研究假设一致。

表6-6 主要变量的t检验和秩和检验

| 变量 | 平均值（p） | t检验 | 平均秩（p） | 秩和检验 |
|---|---|---|---|---|
| cyjc | 0.5166 | 0.6499 | 0.0697* | 1.814 |
| lnxwjr | 0.0000*** | -10.5032 | 0.0000*** | -5.844 |
| lnrevenue | 0.9213 | -0.0989 | 0.0563* | 1.909 |
| lnyield | 0.0000*** | 5.6862 | 0.0000*** | 5.134 |
| lnpopu | 0.0000*** | 5.5713 | 0.0000*** | 5.279 |

注："*""**""***"分别表示估计系数在10%、5%、1%的显著性水平下显著。

### 6.4.3 回归分析

下面我们构建7个模型研究小微金融与产业结构优化的关系和优化的路径，回归结果见表6-7中的展示。7个模型我们采用了逐步增加变量和增加变量的转换形式来探讨它们之间的细微关系。

从模型（1）看，整个模型的F值为32.1986，虽然显著，但是$r^2$只有0.2701，模型的模拟可取性差，但是从小微金融和区域人口在1%的水平上显著看，小微金融和区域人口显著影响产业结构的优化，在宏观上可以验证假设结论。考虑决定系数低，我们采取后面的措施增加模型拟合度，精确探讨它们之间的关系。

模型（2）中我们增加了小微金融的二次方，$r^2$显著提高到0.4668，验证了本书的假设，小微金融影响产业结构并非线性的，而是曲线影响产业结构的优化升级。从回归系数的显著性水平看，主要变量小微金融和小微金融的二次方都在1%的水平上显著。从系数方向看，小微金融的系数是-0.0439，小微金融的二次方是-0.0074，说明小微金融与产业结构优化呈现倒U关系。表示小微金融能提高第三产业的比重，但是小微金融到底悬浮还是落地，具体地说，是否真正让"三农"战略受益还未显示出来。

表6-7 **全样本回归分析**

| 变量 | 模型（1） | 模型（2） | 模型（3） | 模型（4） | 模型（5） | 模型（6） | 模型（7） |
|---|---|---|---|---|---|---|---|
| lnxwjr | 0.0142*** | -0.0439*** | -0.0415** | -0.0415*** | -0.0279*** | 0.0675 | 0.0761 |
| lnpopu | 0.0459*** | -0.0248*** | 0.0261*** | -0.026 | 0.0312 | 0.0408 | 0.0433 |
| $lnxwjr^2$ | | -0.0074*** | -0.0069*** | -0.0069*** | -0.0049*** | -0.0075*** | -0.0085*** |
| lnrevenue | | | 0.0318*** | 0.0318*** | 0.0343*** | 0.0335*** | |
| lnyield | | | | -0.0002 | -0.4999*** | -0.4801*** | -0.4532*** |
| $lnyield^2$ | | | | | 0.0210*** | 0.0207*** | 0.0195** |
| lnxwjr*lnyield | | | | | | -0.0086 | -0.0096* |
| Cons | 0.5839*** | 0.7109*** | 0.4021*** | 0.4035* | 3.0423*** | 2.8776*** | 3.0598*** |
| N | 177 | 177 | 177 | 177 | 177 | 177 | 177 |
| $r^2$ | 0.2701 | 0.4668 | 0.4963 | 0.4963 | 0.54 | 0.5462 | 0.5137 |
| F | 32.1986 | 50.4778 | 42.3754 | 33.7033 | 33.2641 | 29.0584 | 29.928 |

注：“*”“**”“***”分别表示估计系数在10%、5%、1%的显著性水平下显著。

模型（3）中我们增加了农村个人年度可支配收入的变量，探讨小微金融是否落地，把小微金融红利让渡到“三农”战略中。增加变量后，模型的$r^2$升高到0.4963，农村个人年度可支配收入的回归系数是0.0318，而且在1%的水平上显著，说明小微金融存在的情况下，产业结构优化升级的红利能让渡到农民的收益上，而且显著提高农民的收入。从农民收入的角度验证了小微金融是落地的而不是悬浮空中。

模型（4）我们增加粮食生产量指标，研究小微金融是否落地到农业上。从模型（4）发现增加粮食生产量与产业结构没有显著关系。通过模型（1）和模型（2）的探索，我们发现小微金融服务农业可能不是线性的，从社会现象上看，产业结构调整一方面使农业产业优化升级增加粮食生产量，另一方面转移农村农业劳动力，降低了粮食生产量。因此我们认为模型（4）不能够全面反映小微金融赋能农业的研究，需要改善模型进行研究。

模型（5）增加了粮食生产量的二次方，结果粮食生产量和粮食生产量的二次方都在1%的水平上显著，说明小微金融赋能农业不是简单的直线赋能，而是曲线赋能农业。考虑到小微金融如果赋能粮食生产量，粮食生产量也会影响小微金融的发展，粮食生产量与小微金融存在相互促进和相互制约的关系，于是我们增加了粮食生产量与小微金融的交叉项，研究粮食生产量是模型（5）的中介效应，实现农业产业结构升级，因此增加了模型（6）进行检验。

从模型（6）看中介效应不明显，考虑到农村个人年度可支配收入弱化了中介效应，因为粮食生产量与农村个人年度可支配收入在现实中是高度相关的，因此，我们对模型进行修改，删除农村个人年度可支配收入变量，建立了模型（7），结果发现中介变量显著，而且是-0.0096，方向是负，说明粮食生产量反向刺激小微金融，影响产业结构调整，这可能与区域政策差异比较大有关。

从模型（1）到模型（7）的研究结果都验证了小微金融与农业产业结构优化升级是高度关联的，但是关联比较复杂，存在阈值，具体存在倒U型关系，而且通过粮食生产量可以验证小微金融能够落地到农村和农业，通过粮食生产量间接影响产业结构，达到了对本书假设的验证结果。但是这7个模型相对的是总体变量，各个地区的差异比较大，因此需要进行稳健性检验。

### 6.4.4 稳健性检验

考虑研究结果的稳健性，我们开始对样本按照本书前面描述的分组方法进行分组回归，表6-8和表6-9展示了组A和组B的7个回归结果。从影响方向看，与表6-7的结果基本相同，但是受区域影响，两组的显著性水平差异很大，进一步验证了区域影响的存在。可以解释为区域的各种因素影响小微金融的固定效应的存在，可能是区域政策对小微金融的态度，也可能是区域市场对小微金融的吸引，每个区域的文化和观念也会影响小微金融依附地方的态度。本书还通过更改样本变量，用主要的农业产品数代替粮食生产量，用产业结构调整与商业银行贷款的回归残差值作为小微金融的代理变量进行回归，结论与本研究一致。

表6-8　　　　　　　　**组A样本回归分析**

| 变量 | 模型（1） | 模型（2） | 模型（3） | 模型（4） | 模型（5） | 模型（6） | 模型（7） |
|---|---|---|---|---|---|---|---|
| lnxwjr | -0.0090*** | -0.0373*** | -0.0313*** | -0.0291*** | -0.0463*** | -0.1622 | -0.0953 |
| lnpopu | -0.0082 | -0.0535** | -0.0513** | -0.0272 | -0.0569 | -0.09 | |
| $lnxwjr^2$ | | -0.0051*** | -0.0039** | -0.0036* | -0.0080*** | -0.0058* | -0.0060* |
| lnrevenue | | | 0.0337*** | 0.0335*** | 0.0291*** | 0.0293*** | 0.0293*** |
| lnyield | | | | -0.0192 | -1.0971*** | -1.4292*** | -1.3570*** |
| $lnyield^2$ | | | | | 0.0490*** | 0.0641*** | 0.0611*** |
| lnxwjr*lnyield | | | | | | 0.0101 | |
| cons | 0.4299*** | 0.7529*** | 0.3934** | 0.5200* | 6.6408*** | 8.5361*** | 8.1090*** |
| N | 77 | 77 | 77 | 77 | 77 | 77 | 77 |
| $r^2$ | 0.1834 | 0.2588 | 0.3772 | 0.3803 | 0.5179 | 0.5232 | 0.5224 |
| F | 8.3112 | 8.4946 | 10.9002 | 8.7155 | 12.5309 | 10.8162 | 10.7799 |

注："*""**""***"分别表示估计系数在10%、5%、1%的显著性水平下显著。

表6-9　　　　　　　　**组B样本回归分析**

| 变量 | 模型（1） | 模型（2） | 模型（3） | 模型（4） | 模型（5） | 模型（6） | 模型（7） |
|---|---|---|---|---|---|---|---|
| lnxwjr | -0.1296*** | -0.1854 | -0.2220* | -0.3740** | -0.3034 | -0.7843*** | -0.4549** |
| lnpopu | 0.0009 | 0.0071 | 0.0121 | 0.1183* | 0.1193* | 0.0949 | |
| $lnxwjr^2$ | | 0.0085 | 0.0147 | 0.0356 | 0.0269 | -0.0087 | -0.0051 |
| lnrevenue | | | 0.0768** | 0.0923** | 0.0956** | 0.1010*** | 0.1078*** |
| lnyield | | | | -0.0886* | -0.2247 | -0.0321 | 0.0937 |
| $lnyield^2$ | | | | | 0.006 | -0.0113 | -0.0183 |
| lnxwjr*lnyield | | | | | | 0.0689*** | |
| cons | 0.8259**** | 0.8913** | 0.2021 | 0.9524* | 1.5463 | 1.037 | 0.4211 |
| N | 100 | 100 | 100 | 100 | 100 | 100 | 100 |
| $r^2$ | 0.5956 | 0.5964 | 0.6158 | 0.6271 | 0.6286 | 0.6616 | 0.6626 |
| F | 71.4221 | 47.2775 | 38.0632 | 31.6092 | 26.2342 | 25.6904 | 25.8098 |

注："*""**""***"分别表示估计系数在10%、5%、1%的显著性水平下显著。

## 6.5 外部冲击检验：精准扶贫和农业供给侧结构性改革

考虑到我国执行了精准扶贫政策和农业供给侧结构性改革政策，小微金融的发展依赖于国家政策的存在。因此本书进行了更深入的分析，把小微金融和农业供给侧结构性改革作为外部冲击，研究小微金融的农业产业结构调整和“三农”战略赋能效果。于是本研究构建了外部性冲击哑变量（gjcyear1），因为农业供给侧结构性改革发生在精准扶贫之前，因此我们对哑变量做了如下取值，如果年度在供给侧结构性改革后取值为1，否则为0。

表6-10中的7个模型展示了在外部冲击下，小微金融与其他变量的影响关系。从外部性冲击哑变量看，都在1%的水平上显著，而且都为正，显示了外部冲击力度大，小微金融受政策冲击的影响效果显著。本书也构建了政策冲击的中介变量进行研究做稳健性检验，结果一致。

表6-10 冲击回归分析

| 变量 | 模型（1） | 模型（2） | 模型（3） | 模型（4） | 模型（5） | 模型（6） | 模型（7） |
|---|---|---|---|---|---|---|---|
| lnxwjr | -0.0140*** | 0.0440** | -0.0425*** | -0.0425*** | 0.0279** | 0.0722 | 0.0203 |
| lnpopu | -0.0452*** | -0.0239** | -0.0249*** | -0.0228 | 0.0399 | 0.0500* | 0.0523* |
| gjcyear 1 | 0.0566*** | 0.0586*** | 0.0466*** | 0.0466*** | 0.0540*** | 0.0546*** | 0.0551*** |
| $lnxwjr^2$ |  | -0.0075** | -0.0071*** | -0.0071*** | 0.0051** | -0.0077*** | -0.0077*** |
| lnrevenue |  |  | 0.0200* | 0.0200* | 0.0208** | 0.0198* | 0.0197* |
| lnyield |  |  |  | -0.0021 | 0.5461** | -0.5258*** | -0.5426*** |
| $lnyield^2$ |  |  |  |  | 0.0229*** | 0.0225*** | 0.0231*** |
| lnxwjr*lnyield |  |  |  |  |  | -0.009 |  |
| cons | 0.5563*** | 0.6832*** | 0.4946*** | 0.5121** | 3.4003*** | 3.2313*** | 3.3348*** |
| N | 177 | 177 | 177 | 177 | 177 | 177 | 177 |
| $r^2$ | 0.3096 | 0.5091 | 0.519 | 0.5191 | 0.5702 | 0.577 | 0.577 |
| F | 25.8633 | 44.5976 | 36.9091 | 30.5801 | 32.0297 | 28.6443 | 28.642 |

注：“*”“**”“***”分别表示估计系数在10%、5%、1%的显著性水平下显著。

## 6.6 结论与建议

发展小微金融是国家贯彻执行"稳增长、调结构"一揽子政策的主要工具之一，小微金融执行的效果是关注的热点。本书以粤西2010—2019年的经验数据检验小微金融在稳定农业增长、调整农业结构方面的效应，研究结果表明，小微金融能够推动粤西地区的产业结构优化。小微金融的发展与产业结构优化之间呈现倒U型关系，U型关系的呈现通过小微金融U型影响农业粮食供应的数量间接实现。基于本研究结果，提出了如下政策建议：

首先，认真贯彻国家政策的精髓。国家政策的贯彻执行，需要理解国家政策贯彻执行的最终目标，通过最终目标合理引导各项中介变量的优化配置与有效组合，保障各项中介变量的落地而不是悬浮。本书通过研究粤西地区的相关数据，虽然验证了小微金融政策能够优化农业结构，赋能"三农"战略，但是不能保障其他政策中介都能实现目标赋能效应。

其次，做好中介政策的引导服务。通过本书的研究，区域性差异显著影响中介政策发挥的效果和质量，因此在各项政策变量执行中，需要做好调研，找准区域存在的客观差异，政府宏观调控减少差异对政策运行的影响，实现各项政策按照市场运行规则精准赋能目标变量。

最后，培植践行去行政化的环境。国家开展"放管服"改革，小微金融在市场上取得一席之地，在新冠肺炎疫情等突发事件的冲击下，能够有效服务政策目标，让"放管服"变成各微观主体发展、创新和优化的跳板，实现市场机制下资源的优化配置，让小微主体如小微金融主体服务好"三农"战略。

# 第7章　国家审计服务农业供给侧结构性改革的框架设计及实现路径研究

## 7.1　引言

随着中国农业的快速发展，农业的主要矛盾已由过去的总量不足转变为结构性失衡，具体表现为总量充足，而有效供给不足，难以适应现阶段国内国际市场需求（何雄浪等，2018[①]）。未来农业农村发展在相当长时期内可能会面临农产品供给充裕与市场价格下行压力（方中华，2016[②]），这种不对称性同国家的乡村振兴战略和国家对农业发展战略的基本要求相悖，需要通过农业供给侧的持续深入调整，提升农业的现代化水平，寻求供给与消费新的平衡（徐朝卫等，2018[③]）。面对现代农业发展中的深层矛盾和问题，如何用发展新理念、破解“三农”战略

① 何雄浪，陈锁．农业供给侧结构性改革的深层次探讨［J］．云南社会科学，2018（2）：117-122.

② 方中华．农业供给侧结构性改革势在必行［J］．人民论坛，2016（7）：73.

③ 徐朝卫，董江爱．新时代农业供给侧结构性改革的延续与路径转换［J］．甘肃社会科学，2018（6）：162-168.

新难题，在农业转方式、调结构上有所作为（《农林经济管理学报》编辑部，2016[①]），护航农业走持续、健康、高质量发展之路是当今农业发展的重要现实问题。中共中央、国务院高屋建瓴、果断决策，于2017年发布了《关于深入推进农业供给侧结构性改革加快培育农业农村发展新动能的若干意见》，引领农业供给侧结构性改革，并从“调整与改革”两个层面对相关问题进行统筹安排。在各级政府的推动下，我国“三农”战略产业发展拥有了良好的政策环境、农业产业结构调整力度加大、农业新兴产业态势良好、农业经营制度日益完善、消费者对农产品消费观念日渐转变（沈玥等，2020[②]）。但是制度滞后与缺失并存、技术创新不足、劳动力整体素质低、土地流动难度大、资本增量不够且存量未盘活依然是当前我国农业供给侧存在的主要问题（江维国等，2016[③]），农村产权融资所面临的瓶颈突出（李彩霞等，2020[④]）。2020年第四季度审计署重点审计了我国9个省的11家中国人民银行分支机构和141家地方法人银行，发现部分政策支持资金使用不精准，为不符合条件的贷款提供政策支持，有7个省的56家地方法人银行的7.98亿元非普惠小微企业、非生产经营用途等不符合条件的贷款，获得中国人民银行支持资金1.88亿元。表明地方政府没有完全贯彻落实党中央对“三农”战略的政策导向和扶持，在推进“三农”战略发展和引导农业供给侧结构性改革存在偏差，国家审计充当“经济全科医生”“政策咨询专家”“风险监控专家”“权力制约助手”的角色，发挥其在推进农业供给侧结构性改革中的预警作用、在推进高质量需求侧管理中的服务作用、在推进经济发展内外平衡中发挥着建设性作用以及在提升党和政府公信力中对权力的制约作用（张莉等，2021[⑤]），通过国家审计监督农业供给侧结构性改革的推动、执行、发展情况，及时表彰传播先进、指出改

---

① 《农林经济管理学报》编辑部. 三农专家论农业供给侧结构性改革［J］. 农林经济管理学报，2016，15（2）：115-118.

② 沈玥. 供给侧结构性改革视角下农业物联网产业发展的PEST分析［J］. 征信，2020，38（10）：84-88.

③ 江维国，李立清. 我国农业供给侧问题及改革［J］. 广东财经大学学报，2016，31（5）：84-91.

④ 李彩霞，李艳萍. 农业供给侧结构性改革背景下农村产权融资瓶颈及其路径选择［J］. 农业经济，2020（11）：103-105.

⑤ 张莉，朱琦. 新发展格局下的国家审计角色定位及作用［J］. 财会月刊，2021（19）：111-115.

革中遇到的新情况、新问题，依靠国家智囊团帮助地方政府推动农业供给侧结构性改革向现代化、市场化和科学化转型将有重要的理论与实践意义。

## 7.2 文献综述

### 7.2.1 农业供给侧结构性改革研究的研究现状

支农扶农政策的贯彻落实虽然使农村基本落后的面貌得到改善，但是农业依然是投资的高风险行业、农村的现代化水平依然比较低、农民的财富抗风险能力依然薄弱等问题更为突出。农业供给侧结构性改革的目标在于解放和发展生产力，减少无效和低效供给，增加有效供给（陈鲲玲，2019[①]），促进农业走高质量发展之路，从系统角度发展农业、振兴乡村和提高农民的收入。文献梳理发现，学者们主要从农业供给侧结构性改革的政策效果评估、农业供给侧结构性改革的路径、农业供给侧结构性改革的困难与风险控制和基于农业供给侧结构性改革背景下的相关研究等角度进行研究，取得了丰硕成果。黎新伍等（2020）以新发展理念为指导，构建了包含“创新、协调、绿色、开放、共享”五个基本维度的农业高质量发展评价指标体系[②]，利用指标评价法分析了各地区的农业供给侧结构性改革的政策效果，农业供给侧结构性改革作为国家宏观政策的“顶层设计”，需要基层政府积极进行“基层探索”，与基层政府职能转变有效匹配方能推进农业供给侧各项改革顺利进行（黄建红，2020[③]）。胡亦琴等（2020）利用中国家庭金融调查数据库中 1 080 个农业经营者家庭，通过 OLS 及分位数回归分析农业供给侧结构性改革对农村要素市场和农民收入的影响发现，供给侧结构性改革显著影响着

---

① 陈鲲玲. 农业供给侧结构性改革：新疆南疆四地州农业结构调整思考［J］. 新疆社会科学，2019（6）：52-57.

② 黎新伍，徐书彬. 基于新发展理念的农业高质量发展水平测度及其空间分布特征研究［J］. 江西财经大学学报，2020（06）：78-94.

③ 黄建红. 农业供给侧结构性改革与基层政府职能转变［J］. 农村经济，2020（10）：14-21.

土地要素的配置[①]。有学者以特色小镇为农业供给侧结构性改革的实践，研究了特色小镇对“三农”战略的重要作用，发现特色农业小镇在深化农业供给侧结构性改革、推动传统农业向新型现代农业升级转变、延伸农业产业链、实现农村一二三产业融合发展、增加农民收入、改善城乡居民生活等方面发挥了很好的示范引领作用（王仕忠等，2020[②]）。苟兴朝等（2019）认为，农业供给侧结构性改革潜伏着经济风险、社会风险、政治风险、文化风险以及生态环境风险这五大风险，各类风险既相互独立又相互叠加，从而在特定条件下通过多米诺骨牌效应演化为系统性风险[③]，地方政府在充分享受政策恩泽的同时，需要权衡风险收益，稳定农民的收入水平，规避“三农”战略的风险，提高企业、家庭和个人对“三农”战略的吸引力和持续投入热情。苟兴朝（2018）从成本角度分析了农业供给侧结构性改革的影响，研究发现严格控制与合理分担改革成本关系着农业供给侧结构性改革进程的推进乃至成败，并从转变政府职能，提高政府行政效率、完善农业生产经营与农村金融管理制度、提高财政补贴精准性，优化财政支出结构、加强财政预算和财政资金监管等方面提出了控制成本的路径[④]。也有学者基于农业供给侧结构性改革的机遇研究了农业保险（范玲，2018[⑤]），农产品结构的优化升级（王洪元，2018[⑥]）和人力资本投资治理（罗哲等，2017[⑦]）等。

### 7.2.2 审计与农业结合研究的研究现状

当前，国家审计已成为国家治理体系中依法监督制约权力运行的一项重要制度安排，在党的领导下将进一步发挥固有功能与积极作用（许

① 胡亦琴，苏义寒，赵聪聪．土地要素风险对农业经营者收入影响的研究［J］．中国经济问题，2020（5）：125-136.

② 王仕忠．特色农业小镇满意度分析与高质量发展［J］．山东社会科学，2020（3）：129-134.

③ 苟兴朝，张斌儒．农业供给侧结构性改革系统性风险：生成逻辑、风险测度及其防范对策［J］．新疆社会科学，2019（1）：21-28，146.

④ 苟兴朝．农业供给侧结构性改革成本控制及其分担研究［J］．新疆社会科学，2018（5）：44-51，162-163.

⑤ 范玲．供给侧结构性改革背景下的农业保险发展对策研究［J］．求是学刊，2018，45（3）：64-73.

⑥ 王洪元．供给侧结构性改革视角下农产品优化升级的主体博弈分析［J］．湖南科技大学学报（社会科学版），2018，21（2）：160-166.

⑦ 罗哲，单学鹏．农业供给侧结构性改革背景下的人力资本投资治理路径探究［J］．农村经济，2017（11）：85-90.

莉，2021[①]），国家各项政策的贯彻执行，国家审计发挥着重要作用。一方面，农业的发展丰富了国家审计的内容。“国家审计在乡村振兴战略中的作用研究”课题组（2021）从加强政策理论研究、系统构建审计计划、聚焦资金审计主责主业、创新审计项目组织方式和创新审计技术方法等方面提出了推动新时代乡村振兴审计工作的建议[②]；郭鹏飞（2020）从农业面源污染防治角度提出了审计监督的重点内容[③]；陈琪等（2015）认为，农业类上市公司具有生产周期长、存货核查困难、现金交易量大、交易对象分散、业绩不稳定等特点，所以会计舞弊的动机相对更强，需要加强审计规避投资风险[④]。另一方面，国家审计对农业政策的绩效发挥了重要作用。“国家审计在决战脱贫攻坚中的作用研究”课题组（2021）对标党中央部署要求等方面提炼了国家审计促进脱贫攻坚的经验做法，从推进脱贫攻坚政策措施精准落实落地等角度分析了国家审计促进脱贫攻坚作用的四个具体体现[⑤]；中国审计学会2021年总结扶贫审计创新经验助力乡村振兴，充分肯定了国家审计在乡村振兴中的作用[⑥]。

### 7.2.3 研究评述

国家审计与农业结合，从理论上和经验上丰富了审计、农业研究与实践活动的成果，但是从前面的文献梳理中发现，国家审计与农业的结合研究较少集中于农业供给侧结构性改革。农业供给侧结构性改革站位高，它是从系统和未来角度构建现代农业体系引导农业健康发展的指示灯，国家审计作为政策监督执行和风险排查的重要力量，研究国家审计服务农业供给侧结构性改革的机理与实践路径将有重要的理论意义和实践意义：一是社会在进步，农业发展目标在不断变换之中，需要国家审

① 许莉. 国家审计本质认识论及其实践规律［J］. 审计与经济研究，2021（9）：1-4.

② “国家审计在乡村振兴战略中的作用研究”课题组，赵保林. 乡村振兴审计的意义、重点和举措［J］. 审计研究，2021（3）：3-10.

③ 郭鹏飞. 农业面源污染防治的审计监督研究［J］. 环境保护，2020，48（8）：25-29.

④ 陈琪，武琼. 农业类上市公司会计舞弊特征及审计风险防范［J］. 财务与会计，2015（17）：53-55.

⑤ “国家审计在决战脱贫攻坚中的作用研究”课题组. 国家审计促进脱贫攻坚：做法、成效和启示［J］. 审计研究，2021（3）：11-21.

⑥ 佚名. 中国审计学会“总结扶贫审计创新经验助力乡村振兴”专题研讨会在京召开［J］. 审计研究，2021（3）：2.

计站在国家的高度，引导农业供给侧结构性改革面向世界、面向未来、面向现代化、更要面向农村实际。因此把国家审计结合农业供给侧结构性改革研究，提高了农业供给侧结构性改革的政治站位，促进农业供给侧结构性改革更加注重国家战略引导、更加注重农业的实践发展、更加注重农民的获得感和幸福感，这些研究将体现中国农业政策的中国特色和中国贡献，具有重要的世界贡献和理论意义。二是通过农业供给侧结构性改革，丰富了国家审计的实践，促进国家审计在更微观领域实现工业、农业和服务业协调高质量发展发挥治理作用，便于充分展示社会主义制度的优越性和人民的自豪感。

## 7.3 国家审计服务农业供给侧结构性改革的框架设计

### 7.3.1 框架设计的基本思路

走高质量发展之路，归因于满足人民对美好生活的向往问题的解决。“三农”战略问题，说到底是为了满足农业的高质量需求，实现务农人员的美好生活梦想。农业供给侧结构性改革的目标是通过挖掘农业潜能、释放农业活力、形成农业竞争力以最终实现农业人口的解放。因此，本书通过设置三个层次的农业人口解放的路线，构建国家审计服务农业供给侧结构性改革的理论框架，形成基于“载体—人”的路线，研究农业供给侧改革思路。构建了基于务农人员富起来的“科技支农—产业聚农—农市兴旺—藏富于农”的框架设计，通过审计助力务农人员“富起来”、“强起来”和“荣起来”，把农业变成人人羡慕的行业、农村变成人人向往的阵地，让农民变成人人尊敬的阶层，实现社会主义制度优越性惠及“三农”战略，形成农业发展有物质基础、有精神动力和有尊严保障的中国特色。

### 7.3.2 基于“科技支农—产业聚农—农市兴旺—藏富于农”的框架设计

农民远离家乡造成田地荒废等现象表明，农业生产力水平低、务农人员收入低等特点，要想农民爱护农业、守护农地，提高农业收入是基本的前提条件。要使农民富起来，需要国家帮助农业、农村和农民研究怎么富、怎么持续地富等政策问题。马克思从生产、交换、分配和消费四个角度研究了人类的整个生产与生活活动，农业也是如此。首先，优化科技支农策略，一直以来，农民靠天吃饭，但是随着科学技术的发展，农业更多依赖于技术和机械化，实现农户经济向产业化经济转变。通过国家政策扶持与社会网络嵌入的方式，增加选派具有农业专业知识与专业管理能力的科研人员，让其入驻乡村并将技术和经验嵌入发展乡村经济，与农户共同创业，带动当地农业集中化、规模化、市场化生产。同时要推进协同创新的体制机制改革，提供资源共享和知识共享的平台，建设产业化和品牌化运营模式，充分融合农户发展与科技振兴和产业振兴，为“三农”战略的结构性调整注入科技力量，从而更加有效地解决基层脱贫能力欠缺和多维贫困问题，以提升科技扶贫中的经济效益，推动农业产业化经济的高质量发展。其次，通过农业产业化稳住务农队伍，保障务农人员持续收益。农民种植出的相关农产品没有合适的销售方式和销售渠道，这将会导致大量的农产品滞销，电商行业的兴起与发展，拓宽了农产品的销售渠道，形成新的农业产品和市场生态。再次，国家和企业针对聚农出台相关的政策和措施，大力繁荣农业市场。加速企业、农村种植户和合作社之间的合作，在利益分配问题上需要制定更为合适的利益分配机制，在市场配置中实现农民收入持续健康的增长。最后，完善保障机制，让务农人员成为真正的财富阶层。尽管国家对农民的增收发布了一系列的支农、惠农政策来让利于农，但是离藏富于农还存在较大的差距。农业是民生之本，藏富于农有利于推动乡村的建设和发展，是实现乡村振兴战略的重要一环。农民在整个社会化进程中的贡献往往是付出与收入不成正比，这并不利于我们时代发展的和谐社会主题。只有藏富于农才能使得农村的消费能力增长，从而为推动社会经济发展助力，这也是实现全面小康社会的必然要求。藏富于农的关键是要保护农民的合法权益，政策要落到实处。这就要求我们的党员干部特别是基层干部把相关惠农措施落到实处，在相关政策的指引下，加大财税改革力度，把藏富于民变成现实。

## 7.4 国家审计服务农业供给侧结构性改革的实现路径

### 7.4.1 发挥国家审计政策的推动作用，释放农业产权活力，为“科技支农—产业聚农—农市兴旺—藏富于农”框架布局创造条件

农业高质量发展是一条可持续发展之路、循序渐进之路和农业发展的必经之路，推动农业发展变革是时代的要求，因此需要推动农业供给侧结构性改革并进一步发挥审计相关政策的推动作用，完善建设农业产权的审计监督体系，促使审计政策推动并释放农业产权活力。审计是党和国家监督体系的重要组成部分，在国家已经推出各项惠农措施的同时，还应该完善审计跟踪政策，确保各项审计政策能够落地生根，以保障农业产权的稳定性。发挥审计政策的推动作用有以下几个方面：一是需要加强完善农业产权的保护及管理，建立相关的法律及审计体系，在促使法律落实保障农业产权的安全的同时审计监督法律的开展。现阶段国家虽已建立了一系列的法律法规和审计制度，但还存在不足。在释放农业产权的背景下，存在内部人员滥用职权、以权谋私的现象，同时也出现了许多法律和审计没有保障到的“灰色地带”，所以针对这些问题不仅需要制定更加严谨完善的法律和审计制度，而且需要加强对内部人员的监督审计，杜绝公权私用。对于农业产权则可以登记档案，使得农业产权有迹可查，完善相关产权法律制度并落实审计政策跟踪。二是加大对支持农业供给侧结构性改革中财政资金的监督。近几年国家为农业供给侧结构性改革注入大量资金，财政拨款是支撑农业供给侧结构性改革的重要支柱，是推动一系列变化的基础。改革不仅仅只停留在以前农产品产量等表面的农业问题上，还要深入到农业产权的范围内。即便如此，农业供给侧还是没有得到更完善的转型，农业产权得到的财政支持还远远不足以支撑其激发活力，所以仍需加强审计在财政拨款预算、决算报告、重大或专用事项资金等用途的作用，完善税务机关的执法和征收制度，遏止暴力不合规的执法，以保证财政收支的合法性、合理性、

合规性，并进一步保障支持农业发展。三是树立与时俱进，开拓创新的审计理念。有些地方没有因地制宜地提出与本地区相关联的措施，而是引入其他地区的措施，以至于引入的措施无法给该地区带来有利的变化，反倒使得本地区的农业供给侧结构性改革陷入瓶颈，大大拖累了农业产业的升级转变。所以，要时刻关注国家对农业政策及法律新变化，紧跟时代的变化，不同的地方适用与当地相契合的审计政策，避免政策的交叉影响和照搬照做，防止因为政策的水土不服遏制农业产业的发展。要在改革中激发农业产权的活力，进一步增加农民收入，提高农产品质量进而保障国家粮食安全。四是促使审计查出的问题整改落实到位。政策法规的推行过程中并不会一帆风顺，在推动农业产权的发展的路途中有时会走入“死胡同”，政策执行过程中暴露出的许多问题和挫折阻碍了农业产权的推进。其中，有政策自身的局限性造成的自然错误，还有一些人为决策执行不当造成的人为错误。审计机构需推动督促审计查出的问题落实整改。如完善审计整改问题责任的落实、审计整改问题的工作机制构建、审计整改人员的奖惩制度的实施等，这样可以提升整改效果，为农业产权改革的发展扫清障碍，促使改革更进一步。五是培养专门的审计人员，参与到激发农业产权的任务中去。国家审计在国家治理中更好地发挥作用，需要优化审计人力资源配置，审计不仅可以监督政策的实施，还可以参与农业产权变革并提出审计意见，但是，目前我国这方面的审计人员十分紧缺。农业产权涉及范围广，对审计人员的专业知识素养有极高的要求，审计人员参与审计的同时还需参与农业产权的执行活动，非专业人员无法胜任。所以在推进审计政策的同时，需重视加强审计人员的培养，促进审计人员与时俱进，不断学习，积极参与农业产权的建设并提出全面专业的审计意见，帮助农业产权更好地激发活力，助力农业供给侧结构性改革。

### 7.4.2 运用国家审计集中力量办大事的技术特点，形成农产品竞争优势动力，夯实“科技支农—产业聚农—农市兴旺—藏富于农”框架基础

国家审计是指国家审计机关以及其他部门的专业审计机关。国家审

计的最终目的是维护国家经济财政的稳定运行、保证国家的廉政发展，避免出现贪污亏空、保证国民经济建设的持续发展、保证国家财政收支真实有效以及保护国库资金的合理使用。国家审计具有的监督作用，可以在宏观层面调控有关政策的落实实施过程和结果，维护良好的市场经济秩序，保持经济的健康持续发展，监督指导内部审计和社会审计的工作开展。党的十九届五中全会强调，要加强财政资源统筹，加强中期财政规划管理，增强国家重大战略任务财力保障。2021年全国两会提出了“十四五”期间的主要目标和重大任务，还特别强调要统筹好各类财政资源，集中力量办大事。资源配置最重要的两个手段是市场调节和宏观调控，而国家审计在宏观调控中扮演着重要的角色。国家审计是国家宏观调控的重要组成部分，政府通过对公共资源的配置向社会提供各种公共产品和公共服务，政府对公共资源的配置，主要是通过政府预算来进行分配。政府可分配的资源是有限的，如果没有适当的约束管理机制，就会导致分配效率低下，以及资金运用的不合理和资源浪费情况的发生，所以国家审计的一项核心功能就是对国家的资源配置进行监督。对资源配置的监督，可以提高资源配置的效率，间接对政府治理调节社会经济提供帮助。当国家审计工作参与到资源配置时，国家审计在此的作用就相当于一个监督者，能够监督国家资源的整合利用情况，工作开展过程中的执行情况，以及最后工作落实的情况，形成全方位的监督管理。对于在资源配置过程中出现的分配不合理、资源的浪费等情况能够及时作出处理和反馈。国家审计在资源配置过程中，不仅能够及时发现问题，还能够在第一时间对问题进行及时处理，大大提高了资源的利用效率以及工作效率。国家审计对于国家资源配置来说，有着举足轻重的作用。

农业发展是国家的头等大事，对于我国农业复杂多样的问题，可以运用审计集中力量办大事的技术特点来解决当前我国农业存在的问题。国家审计擅长进行资源配置，可以深入进行实地调查，审查汇总当前农业存在的问题，有针对性地进行优化产业布局，对症下药。(1) 解决贪污腐败问题。当国家审计与农业结合在一起之后，国家审计可以利用自己的监督职能，对国家下发的专用财政拨款进行追踪审查，及时掌握资金的动向以及使用情况，可以从根本上解决地方政府官员对资金的贪污问题。还能够监督资金的使用落到实处，保证了专款专用。(2) 国家审计优化农业资源配置。我国现在的农业资源较为分散，农户与农户之间较为独立，彼此之间的联系比较少，合作经营的更是少之又少。农户们处于彼此独立的状态下，而且由于我国耕地面积不均，会出现不同地区之间人均耕地面积有较大差距，导致劳动力不能最大化地合理使用，出现了劳动力的浪费。除了人均耕地出现较大的差距外，不同的农户在生产经营工作中所使用的专业技术也会有较大的差距，而且现在从事农业生产的农民普遍受教育程度不高，缺乏科学的技术指导和知识储备，导致实际的生产情况参差不齐。这对于改善农业发展升级，提高农户专业技术水平来说又是一个很大的阻力。

### 7.4.3 利用国家审计专业、信息优势和文化审计经验，培植农村文化潜力，为巩固“科技支农—产业聚农—农市兴旺—藏富于农”框架发展提供文化保障

农村文化远超于乡村文化，又以乡村文化为基础，体现在农村农业生产与现实生活实践当中形成的一定范围内的物质和精神上的财富。虽然在社会城市化的条件下，农村在不断地缩小，但农村文化并不会随之消散，反而显得更为珍贵。故乡永远是人们怀念的地方，永远是人们首选的安稳之地。同样地，农村文化在农村治理当中也有着不可取代的地位，有着非常重要的作用。农村文化是社会主义文化建设的一个组成部分，不仅承担着为社会主义新农村的建设提供思想保障、精神上的动力等重要任务，还承担着建设和谐社会文化的任务。在这个飞速发展的社会，不仅仅要满足农村人民的物质需求，还要具备满足农村人民逐渐增长的多层面的精神文化上的需求。农村文化的传播可以以此培育出适应时代的新型农村人民，从而推动农村在经济上的发展。农村文化不仅可以提升农村人民的文化素质素养、审美情感和精神风貌，也利于培养农村的文明乡气、优良淳朴家风，提高农村文明。农村文化的形成和发展需要从以下几方面进行：一是要加强农村人民对农村文化的认识，要从根本上改变农村人民的思想，提高其对农村文化的认知程度，不能只搞

表面功夫，要实打实地从基础做起，让农村文化根种在农民心底。二是要投入定量的资金，建设农村文化站，发展文化创意，建设文化基础设施，订阅文化报刊，设立图书阅览室、书画活动馆、古物展览馆等。安排管理人员对其进行管理，并制定合适的管理制度，让这些设施不要成为表面形式，而是真正地用于农村人民，让农村人民从中受益。让农民的精神生活得到满足，使其文化素养得以提升。三是提高管理员的素质，进行适当的人员管理培训。要让管理人员能够理解农村文化，在思想、意识和业务能力上满足岗位的需求，这样才能很好地解答农村人民的问题。四是提高对农村文化的市场监管，丰富农村文化内容，让农村人民都能够对农村文化感兴趣，并对其进行有针对性的辅导和培训。中国是个实打实的农业大国，农业发展影响着社会的平稳。正所谓是农村兴则国家兴，农村文化的发展能够振兴农村事业，不仅仅是文化自身的取胜，也承载着几亿农民对农村文化的认同和对幸福美满生活的向往，同样能为中华民族伟大复兴提供源源不断的精神力量。我们要将农村文化长久地发展下去，改革农村，需要审计的专业优势和它本身所具备的信息优势的帮助。

国家审计不仅仅审计国有企业和资产，它同样适用于审计农村文化的形成和发展。可以从以下几点审计：一是为确保财政性资金的下拨能够实施到特定的项目而进行审计，政府规范引导，结合当地情况建设农村文化。审计实施项目，请专业的人员进行项目工程的竣工验收，让每一分钱花到实处，为人民服务。二是确保财物的规范管理。要组织项目管理小组，制定规范制度，严格执行使用资金制度，并定期审计项目资金的使用情况，查看有无挪用资金等舞弊情况的发生。三是到农村文化建设地去审计，确保农村文化形成不是表面功夫，询问农民精神需求是否得到满足，查看农民素质是否提升，管理人员是否定期进行培训等。农村文化得到审计后，审计人员对发现的问题要及时提出审计建议，利用审计的信息优势实时进行监督并督促改进。农村文化在农村形成并得到长久发展后，可以促进农村成立专门机构，用以管理农村文化事业，推动农村产业政策的完善；促进农村人民的人才培养，并进行非物质文化遗产的传承，加强对这些文化遗产传承的保护；形成各地区农村独有的品牌，结合当地所生产的产品实行品牌战略，加强对农业产品商标的注册，让农业产品能够销售到更远的地区，形成品牌效应，带动实现农村经济的高速发展，推动整个中国社会市场经济的发展。可以将农村文化和农村旅游景点相结合，形成新型产业，带动市场发展，让更多的人了解到不同地区的风俗文化。

### 7.4.4 依仗国家审计权力震慑力，清扫农业发展障碍，实现藏富于农引力，有效巩固“科技支农—产业聚农—农市兴旺—藏富于农”框架成果

中国自古以来都是农业大国，从改革开放以来，农产品供给经历了从供不应求到供应平衡再到现在的产能过剩三个主要阶段。由中国农业科学院农业经济与发展研究所组织专家编写的《中国农业产业发展报告2021》中提到，当前中国的农业生产，相对于过去解决温饱的年代，居民能量摄入需求已经得到满足，不过在居民能量摄入需求得到满足的前提下，有些地方的居民膳食营养已出现营养过剩的问题，同时结构性不平衡问题也很突出。在国家重视农业发展的同时，又出现了农村基层干部腐败现象。侵占集体“三资”、贪污助农专款、乱摊乱收乱罚和滥用自治公权等都是农村腐败比较热议的问题。这些问题单单依靠农民本身并不能得到解决，这就需要发挥国家审计的作用，依靠国家审计权力震慑力，来清查这一系列的腐败问题。集体“三资”就是振兴农村发展的物质基础，即资金、资产、资源。这“三资”是农村发展的根基，而上层建筑依靠的是经济基础。农村经济基础本身就薄弱，而且这关系到农民的切身利益，一旦这些物质基础被侵占，相当于上层建筑无法建设。随着农村市场的不断增大、农村资源不断增值，加之国家对农村的资金投入也不断扩大，农民对集体“三资”的关注并不大，而且相对来说了解和接触也并不多。除此以外，集体“三资”在管理方面存在人员更迭、账务不全、监督不到位、交接不清、台账缺失等一系列问题。这些因素都是诱发基层干部产生贪欲的主要原因。在乡村振兴战略背景下，中央对“三农”战略也不断加大力度，出台了很多惠农、助农政策，而且拨出大量的资金。这些强农、惠农、助农的资金，农民知道的少之又

少，很多基层干部对这些资金有了贪欲，使得有些资金去向不明，国家下发的任务不但没有落实，还将农民的钱中饱私囊，没有做到真正地为人民谋福利。针对这一系列问题，国家审计应行使审计权力，根据国家法律法规的规定，对这些违法行为进行监督审查，扫清农业发展障碍。才能真正达到供给侧结构性改革的目的，提高社会生产力水平，落实好以人民为中心的发展思想。

依仗国家审计权力震慑力，维护“三农”战略权益。农民的切身利益之所以容易受到侵犯，是因为他们的利益没有得到更好的维护，国家审计可以维护农民的切身利益。国家审计应进一步强化服务意识，在推进“三农”战略发展、新农村建设中更好地发挥其审计作用。第一，审计应拓宽思路，坚持大农业发展的审计观，以“大农业”思路去维护“三农”战略的权力。将审计监督服务与提高农民生产及生活质量联系起来，“三农”战略审计应具有自觉关注民生，为农民谋福利的服务精神。第二，“三农”战略审计还应进行科学的规划，对涉农资金加强监督以及跟踪服务。对重点的涉农资金进行重点审计，要做到兼顾全面审计并突出重点审计。第三，审计机关应把党和政府关注和群众关心的热点、难点问题作为审计的重点内容。审计机关应从涉农资金的计划、分配、拨款到最后的管理和效益整个环节入手，关注资金的使用情况，每一个环节都不应疏漏。尽可能地发挥审计的作用，尽量杜绝腐败现象的发生。第四，审计机关应围绕审计服务“三农”战略，积极展开调查研究，探索“三农”战略服务线路。这条线路关乎农民的切身利益，审计机关不仅要对政府等有关部门为“三农”战略发展的政策措施、项目、资金投入规模和项目管理体制等进行认真的了解，还要深入农村，了解掌握、分析涉农政策的执行、落实情况，以及涉农资金的使用和管理中出现的新情况、新问题，审计机关应作出相适应的审计意见和建议，对损害“三农”战略的违法违规行为进行重点审查监督。审计工作应从农民利益出发，审计机关应时刻关注涉农资金的使用情况，确保涉农资金都用在惠农项目、农村的基础建设、农村医保、粮食补贴等上面；审计机关应切实努力为“三农”战略服务，保护广大人民群众的利益，以提高“三农”战略的积极性、主动性和创造性。为贯彻落实党中央、国务院关于加快构建落实新型农业经营主体，促进农业企业与现代农业发展的有机联系，大力开展新型农业培育政策跟踪审计，促进新型农业经营主体的快速发展，加快农村现代化建设。为保护好农业企业和农业产业的健康发展，国家审计应加强农业企业的资金监督，防止涉农资金被非法滥用。涉农资金较多，而且有多个管理部门，部门与部门之间协调性差，存在重申报项目，轻资金管理，财政资金迟拨、滞留、占用专项资金等问题。这些问题使农业企业的利益受到了严重的损害，阻碍农业产业优化升级。第五，审计机关应加强对资金的监管力度。一方面对专项资金实行独立核算，人员经费、公用经费、项目经费相互独立，不可混合使用，严格监督农业企业专项资金的使用情况。另一方面加强对涉农资金的监管，促使资金的高效益使用，防止滥用资金。近年来我国高度重视生态环境问题，为此也制定了相关的法律法规，农业企业的发展也必须遵守环境保护相关法律法规，促使农业企业向绿色化、科学化发展，达到农业产业绿色发展的环境保护要求。对农业企业实施绿色供应链管理审计，进行整体效益鉴证，从而实现供应链的绿色化，改善农产品的品质。

# 第8章　国家审计服务乡村振兴的理论基础与路径研究

## 8.1　引言

党的十九大创新性地提出了“乡村振兴战略”，彰显中国共产党要带领团结全国人民有效应对重大挑战、抵御重大风险、克服重大阻力、解决重大矛盾的决心和信心。乡村是全面建成小康社会剑指的“最后一公里”所在地，乡村振兴的实现与否直接关系着民心向背，决定着全面建成小康社会的成败。

乡村是社会的海洋，海洋深处蕴藏着巨大的潜能和活力，同时能够掀起巨大的海浪，颠覆以往的成果。2020年突发的新冠肺炎疫情，毫无保留地把乡村在政治、经济、文化和社会和谐等方面存在的优势和不足暴露在阳光之下，为下一步明确乡村振兴的各个方面指明了方向。国家政策与社会发展出现的新情况把“乡村振兴”推到了必要性和紧迫性的位置，要求各级政府必须把乡村振兴的路线、方针、政策不折不扣地严格落实执行，把乡村振兴的政策惠及乡村每个人。而国家审计是推动国家治理体系和治理能力建设的重要监督机制，是保障国家政策方针贯彻落实到实处的重要保障。

本书将从国家审计服务乡村振兴的视角，沿着“产业兴旺、生态宜居、乡风文明、治理有效、生活富裕”的审计路径，利用国家审计“监督、评价和抵御”等功能，提出保障“乡村振兴”一揽子政策惠及“最后一公里”的审计建议。

## 8.2 乡村振兴与国家审计的理论综述

历史经验表明，广大发展中国家的乡村情形异常复杂。一方面，城市发展不充分导致大量农民在城市聚集形成贫民窟；另一方面，人口外流造成乡村劳动力短缺、经济衰退和社会退化，高人力资本人口过度流失导致乡村衰落呈现螺旋式加剧的趋势①。

2005年，党的十六届五中全会正式启动了“生产发展、生活宽裕、乡村文明、村容整洁、管理民主”的社会主义新农村建设，国家投入大量财政资金，并出台一系列支持政策，使乡村的基础设施、人居环境、生产条件和公共服务均明显改善②，发展乡村初步定型。2017年10月18日党的十九大报告中正式提出乡村振兴战略，把“要坚持农业农村优先发展，按照‘产业兴旺、生态宜居、乡风文明、治理有效、生活富裕’的总要求，建立健全城乡融合发展体制机制和政策体系，加快推进农业农村现代化”作为乡村振兴战略的重要内容。从此，乡村振兴该振兴什么、如何振兴、怎么评价成为理论界、实务界和社会各阶层普遍关心的热点问题。

党的十九大报告对乡村振兴战略的总要求是“产业兴旺、生态宜居、乡风文明、治理有效、生活富裕”，并没有对乡村振兴作概念性的定义；2018年国务院政府工作报告阐述了实施乡村振兴战略的重要意义、总体要求和政策建议，对“三农”战略问题提出更高要求：农业的

---

① LIU Y S，LI Y H. Revitalize the World's Countryside［J］. Nature，2017，548（7667）：275-277.

② 张海鹏，郜亮亮，闫坤. 乡村振兴战略思想的理论渊源、主要创新和实现路径［J］. 中国农村经济，2018（11）：2-16.

供给侧结构性改革、农村的深化改革和各项事业全面发展、农民的权益增收，也没有对乡村振兴进行定义；通过文献梳理，学者们研究主要集中在对理论精神的阐释、对实践经验的总结、对政策机制的研究和对具体热点的分析等四个方面，没有对乡村振兴的含义进行研究。本书认为乡村振兴需要从内涵和外延两个方面进行定义。

### 8.2.1 乡村振兴的内涵

以2017年党的十九大报告提出实施乡村振兴战略为时间节点，国内学者从不同角度对乡村振兴战略进行阐述或对战略实施路径进行探讨，形成了主要名词密集聚类的现象，集中出现以下主要名词：路径、乡村治理、特色小镇、农业供给侧结构性改革、精准扶贫、乡村文化、乡村建设、农业农村现代化、新型职业农民、城乡融合、城镇化等[①]。尽管研究“乡村振兴”的内容多而杂，却有章可循，可以从乡村政治振兴（P）、乡村经济振兴（E）、乡村社会文化振兴（S）和乡村技术振兴（T）等四个维度来理解乡村振兴的内涵，简称乡村振兴的“PEST属性”。

乡村政治振兴是乡村振兴的领导力量和依靠力量。乡村是国家发展过程比较落后的地方，有的农村居民为了摆脱贫穷而离开乡村，导致乡村资源随着村民的离开而被搁置，此时需要强有力的政治核心引领离开乡村的村民返回乡村，重建家乡。在政策和制度上向乡村倾斜，提高乡村的吸引力，激发村民的创业热情。

乡村经济振兴是乡村振兴的基础。乡村的风险承受能力弱，村民需要立竿见影的经济回报重拾对乡村经济发展的信心，“靠山吃山，靠水吃水”是乡村经济的生命源泉，乡村振兴就是要利用乡村现有的“山”“水”资源优势，并产业化、市场化、特色化，快速地让乡村村民富起来，真正地形成“为有源头活水来”的乡村经济发展态势，让村民切实感受到乡村经济有奔头、有甜头、有盼头。

乡村文化振兴是乡村振兴的灵魂。中国的自信来源于哪里？中国与

① 葛笑如，刘硕. 十九大以来的乡村振兴研究文献综述［J］. 山西农业大学学报（社科版），2019，18（1）：1-8.

其他国家的区别是什么？只有从文化中去寻找，五千多年文明史都可以在乡村找到雏形。发展乡村经济与保护传播乡村文化并重，让乡村经济烙上乡村文化的印记，用文化筑民心、树信心、誓决心、稳恒心，“树高千尺也忘不了根”，需要挖掘乡村文化、升级乡村文化和传播乡村文化。

乡村技术振兴是乡村振兴的源泉。乡村拥有土地、劳动力等重要的生产要素，这些都是城市稀缺并且珍贵的资源，技术就是充分利用这些稀缺生产要素的“工厂”。2020年的新冠肺炎疫情让我们重新思考城市和农村，利用大数据、区块链、移动互联网技术和云计算技术，城市的部分工作可以在农村不折不扣地完成，这为乡村技术振兴提供了机会。

### 8.2.2 乡村振兴的外延

2017年中央农村工作会议阐述了实现中国特色社会主义乡村振兴的“七条道路”：一是必须重塑城乡关系，走城乡融合发展之路；二是必须巩固和完善农村基本经营制度，走共同富裕之路；三是必须深化农业供给侧结构性改革，走质量兴农之路；四是必须坚持人与自然和谐共生，走乡村绿色发展之路；五是必须传承发展提升农耕文明，走乡村文化兴盛之路；六是必须创新乡村治理体系，走乡村善治之路；七是必须打好精准脱贫攻坚战，走中国特色减贫之路[①]。

该会议为推动“乡村振兴”向纵深发展提供了思路和要求，为我们理解“乡村振兴”的外延提供了借鉴。乡村振兴不是单个的乡村参与主体，而是以“乡村”为区块链节点，一切生产关系主体的错综复杂的联系组成的一个整体的振兴，是系统的、整体的、辩证的概念。我们可以从生产力、生产关系、经济基础和上层建筑四个层面研究乡村振兴的外延。

第一，乡村生产力振兴是龙头。生产力是人类改造自然界的能力，在乡村，物华天宝、人杰地灵，需要有智慧的生产力参与。需要培植和

① 佚名. 中央农村工作会议在北京举行［N］. 人民日报，2017-12-30（1）.

运用乡村生产力去发展乡村工业、乡村农业和乡村第三产业，把乡村作为城市的处女地，变乡村为具有城市风格和城市气质的乡村，不断打造乡村城市群和乡村城市带，不断与城市融合，形成城市在乡村、乡村有城市的新型乡村和新型城市格局。乡村生产力的振兴，需要培养新型的乡村人才、发展乡村工艺和配置乡村公益设施，做到乡村生产力能够在乡村培养，更能够在乡村运用和发展的局面。

第二，乡村生产关系振兴是重点与难点。乡村的发展最大的问题是生产关系的阻碍作用，落后的生产关系严重阻碍了先进生产力的发展。新思想难以被乡村民众理解，新理念难以被乡村民众接受，新实践难以在乡村运用，新人才难以被乡村启用。四个“难以”的重大症结在于乡村长期形成的旧体制、旧机制和旧思想，变革和改善乡村生产关系需要从根本上改变长期形成的旧体制、旧机制和旧思想对乡村的影响，这是一个长期的过程，也是思想革命的过程。

第三，乡村经济基础振兴是起点。“穷怕了”是当代乡村农民心理的真实写照，因为穷，才不相信，不敢和不愿意。乡村经济基础振兴就是要把乡村农民怕的、不敢的和不愿意的进行兜底支援，让乡村农民真实地看得到和摸得着。钱包鼓了，底气足了，才愿意探索、愿意相信，用“兜底”激活乡村，但是怎么“兜底”又是一个重大的理论问题和实践问题。

第四，乡村上层建筑振兴是保障。常言道“富口袋要先富脑袋”，乡村上层建筑就是“脑袋”，需要运用这个“脑袋”，以乡村为支点，合理整合城市与农村的管理、工业与农业和服务业的关系、产品与要素的关系、前方与后方的关系、中心与外围的关系等多种关系，保障乡村振兴与其他区域振兴的互补互助。

### 8.2.3 乡村振兴的目标

2018年中央一号文件以乡村振兴战略为主线，细化和部署了乡村振兴战略的时间表和路线图，各级党委、政府也开始结合当地实际，制定乡村振兴战略的具体政策措施，并直接把党的十九大报告的“产业兴旺、生态宜居、乡风文明、治理有效、生活富裕”的总要求作为乡村振兴的具体目标。目标不是要求，要求是为了实现目标所作的具体指示，根据目标理论，正确区别战略目标、战术目标和业务目标。乡村振兴是党中央站在国家层面和时代的高度提出来的，更多地体现战略目标，理解乡村振兴的目标需要从长期性、服务全局性、基础性、整合性四个层面入手。

首先是长期性目标。这说明乡村振兴目标不是一蹴而就的，需要持久性的努力推进，乡村振兴长期是充满变化，充满挑战的，需要综合各层面跨学科人才科学分析和精准修正，需要掌舵人的思想与时俱进，带领乡村干部群众不断实践、不断认识，开创新格局。目标的长期性和变化性说明未来实践活动没有具体的答案，每个乡村只能按照自身特色发挥本区域优势，做好长远规划，探索长期振兴之路。其次是服务全局性目标。它是指乡村振兴目标是国家众多战略目标之一，需要与其他目标，如西部大开发、中部崛起，东部率先发展等战略形成一个体系和整体，以实现各个战略资源共享、优势互补、无缝连接。再次是基础性目标。考虑到乡村差异大，发展不平衡的特点，需要战略实践者摸清家底，贯彻政策，优化乡村基础设施配置，有效配给乡村“硬件”和“软件”，为乡村振兴“筑巢立基”。最后是整合性目标。这要求全体干部群众发挥上下联动的中国优势，协调其他各级组织把关键的机会与资源向本组织的乡村实践活动倾斜，做到各级政府和上下干部职工同职同责，把乡村振兴作为经济、政治、文化、生态振兴的综合性战略目标，保障乡村振兴不是昙花一现，也不是一枝独秀，而是四季常青、百花齐放。

### 8.2.4 国家审计与乡村振兴之间的关系

国家审计本质上是国家治理这个大系统中的一个内生的具有预防、揭示和抵御功能的“免疫系统”，是国家治理的重要组成部分[①]，国家审计依靠强大的信息权力和审计专业性，审计机关能够在信息供应链中为利益相关者提供高质量的信息，降低政治、经济和社会层面的信息风险，有效地推动完善国家治理[②]。国家审计在本质上是国家治理这个大

① 刘家义. 中国特色社会主义审计理论研究［M］. 北京：中国时代经济出版社，2013.
② 徐薇. 国家审计监督全覆盖的实现路径研究［J］. 审计研究，2015（4）：6-10.

系统中内生的具有预防、揭示和抵御功能的“免疫系统”，核心是推动民主法治，实现国家良好治理，促进国家经济社会健康运行和科学发展，从而更好地保障人民的根本利益[①]。乡村振兴是服务广大乡村的受益性战略，战略如何执行、执行的效果、执行过程中遇到的新情况与新问题、有效执行模式的推广、风险执行模式的规避，都为国家审计参与乡村振兴提供了现实的可能性和可行性。

国家审计是监督制约权力运行的重要措施[②]，国家治理资源管理现代化的监控机制、是政府依法行政的重要监督机制，是国家治理风险防控和国家治理秩序稳定的重要保障。乡村振兴是国家权力的下放，地方各级政府接受中央权力的委托，运用智慧和权力大棒，实现乡村振兴，委托代理理论的第一层次代理问题直观地显示于乡村振兴具体政策的贯彻执行中。国家审计作为中央政府的监督代表，预防地方政府权力执行的错误导向，揭示地方政府振兴乡村的客观实际，把权力关在制度的笼子里，抵御各种风险，充分发挥国家审计服务乡村振兴的大局。

国家审计作为政府与社会公众之间信号传递的重要桥梁，致力于提高审计信号传递的可靠性和公信力，促进国家治理目标的实现[③]。通过国家审计及时动态地反馈乡村振兴的实践情况和社会对乡村振兴成果的看法，鞭策各个乡村振兴战略的具体执行者相互借鉴，规避风险，学习先进，让广大乡村群众切实感受乡村振兴活动带来的变化，主动融入活动中，变被动为主动，变旁观者为参与者。国家审计从不同角度深层次分析公共资金、国有资源、国有资产在乡村振兴战略中的使用情况，以关系国家长远发展的基础性制度、关键性领域为切入点，推动重要领域和关键环节的系统性改革，服务全面深化改革战略决策，推进国家治理体系和治理能力现代化。

国家审计不仅能够防止权力滥用，还能及时查明各项治理政策和决策落实情况，为决策部门提供客观、翔实、可靠的信息，促进各项决策部署在政策取向上相互配合，在实施过程中相互促进，在实际成效上相

① 刘家义. 论国家治理与国家审计［J］. 中国社会科学，2012（6）：60-72，206.
② 戚振东，张权，尹平. 国家审计与国家治理能力：一个理论分析框架［J］. 审计与经济研究，2017，32（5）：1-9.
③ 魏明，邱钰茹. 国家审计参与国家治理的信号传递机制研究［J］. 审计与经济研究，2015，30（3）：79-87.

得益彰，最大程度地发挥好治理的整体合力和综合成效[①]。从宏观上保障乡村振兴战略执行服从和服务于国家整体战略决策；从中观上保障乡村振兴战略与其他平行战略的优势互补和相互促进，实现“1+1 > 2”的协同；从微观上便于乡村振兴战略的具体执行者懂得怎么做、做什么以及有问题向谁请教。

乡村振兴是社会发展到一定阶段的新事物，拓宽了国家审计实践的领域，为国家审计优化升级和变革提供新的视角。乡村振兴没有具体目标可以描绘，乡村振兴最终能否成功难以测算，促使国家审计变革审计方法；各地乡村差异大，发展不平衡，促使国家审计变革具体审计目标和区别确认重要性水平；乡村振兴不能搞标准化振兴，促使国家审计辩证分析、谨慎问诊、科学反馈。

## 8.3 国家审计服务乡村振兴的理论基础

高质量的信息披露不仅有助于利益相关者掌握组织运营状况与财务信息，减少信息搜集成本，提高决策效率，且有助于降低信息不对称程度，抑制代理人的自利行为，优化资源配置[②]。刘家义（2015）通过文献梳理，总结国家审计具备六个重大作用：一是促进国家宏观政策的落实，保证经济社会发展目标的实现；二是揭示和反映体制、机制、制度方面的问题，推动深化改革；三是揭示经济社会发展中的突出矛盾和潜在风险，维护国家安全；四是着力解决与群众利益相关的突出问题，促进改善民生；五是查处违法违纪行为，推进反腐倡廉建设；六是监督制约权力的运行，促进民主法治建设[③]。乡村振兴是党中央部署的一项重大战略，把任务层级分配到省、市、县、乡镇、村，层层委派、层级代理，部署推进，本书结合委托代理理论、信号传递理论和国家审计“免疫系统”理论，分析乡村振兴为什么需要国家审计，国家审计怎么服务乡村振兴。

---

① 刘家义. 国家治理现代化进程中的国家审计：制度保障与实践逻辑［J］. 中国社会科学，2015（9）：64-83，204-205.

② 程博. 官方微博与非营利组织信息披露质量：自媒体真的有治理效应吗？［J］. 现代财经（天津财经大学学报），2019（39）：52-67.

③ 张俊民，胡国强，张硕. 国家审计服务国家治理实践研究：基于18份审计工作报告的分析［J］. 审计研究，2013（5）：10-16.

### 8.3.1 委托代理理论

在企业管理中，该理论认为企业存在两类代理问题，一是企业董事会与企业管理层之间的代理问题，二是企业大股东与中小股东之间的代理问题。由于信息不对称，董事会不能完全知晓管理层的行为，中小股东不能完全知晓控股股东或者大股东的行为与思想，导致管理层和控股股东的利己行为损害董事会和中小股东的利益。

从国家层面看，中央人民政府和具体执行乡村振兴战略的地方人民政府同样属于代理问题，中央人民政府给予地方人民政府政策和资源，地方人民政府执行过程中可能存在利己行为，需要第三方代理中央人民政府监督考核地方人民政府的执行情况，国家审计处于天时、地利、人和的位置承担第三方的使命，合理化解中央人民政府和地方人民政府的代理危机，本能性地使地方人民政府的目标与中央人民政府一致化、趋同化。

### 8.3.2 信号传递理论

把权力关在制度的笼子里，需要思考两个问题：权力是否按制度的要求使用和制度是否有效。制度的优点与缺点需要权力运行的效果与效率检验，权力运行的规范性和创新性需要用制度标准考核。国家审计从第三方角度客观反馈权力运行的实际、制度本身的规范性和社会反馈，并把结果传递给中央人民政府和地方人民政府，及时发现双方的不足，便于整改，为权力运行提供良好的制度环境，为制度的有效执行提供实践环境。

乡村振兴是个新事物，它的出现需要完善相关的制度，为乡村振兴提供制度性保障，让地方人民政府想办事、能办事、能办成事。国家审计参与国家治理的信号传递机制就是指国家审计凭借其自身功能，根据其在整个机制中所处的位置，通过完善自身结构，提高自身审计水平等向政府、社会公众传递信号，以实现国家治理的目标。

### 8.3.3 国家审计“免疫系统”理论

刘家义提出“国家审计本质上是国家治理这个大系统中的一个内生的具有预防、揭示和抵御功能的‘免疫系统’，是国家治理的重要组成部分”的观点。乡村底子薄，风险承受能力弱，在乡村振兴战略中要求战略执行人大胆探索，小心求证，逐步提高乡村抗击风险的能力。国家审计充当参谋人、裁判员和医生的角色，在必要时“帮一把、敲一把、拉一把”。当乡村在探索过程中遇到困难时，国家审计要有担当精神给予协调和资源；当地方人民政府为了私利偏离国家政策时大胆亮剑给予处分和移送；当然，也为乡村在探索中不小心偏离政策，需要政策指导时帮助纠正。

国家治理目标就是建立激励机制、约束机制和信号传递机制来解决委托代理关系带来的目标不一致、利益冲突和信息不对称问题。国家审计作为国家治理的一个重要的制度安排，保证乡村振兴战略科学部署、顺利推进、创造性执行提供了参考依据，为乡村振兴战略执行者提供倾诉和整改机制，为中央目标和地方目标趋向一致增加了“凝合剂”。

## 8.4 国家审计服务乡村振兴的路径研究

中国要强，农业必须强；中国要美，农村必须美；中国要富，农民必须富[①]。乡村振兴战略的实施，从根本上改变农业、农村、农民的现状，需要科学的理论、远见的方法论作指导，以党的十九大报告提出的“产业兴旺、生态宜居、乡风文明、治理有效、生活富裕”的总要求为路径，探讨国家审计对乡村振兴的保驾护航作用。

### 8.4.1 产业兴旺是出发点，是汇聚大智慧的有效抓手

产业兴才人气旺，人气旺才市场兴，市场兴则人常往。党的十九大后，一些落后地区相继出台人才引进政策，条件优越，通过平台留任、

① 中共中央宣传部. 习近平总书记系列重要讲话读本［M］. 北京：学习出版社，人民出版社，2016：157.

事业留人，目标是转化人力资源优势为产业优势，带动区域经济的发展。保障产业持续、健康、绿色发展，需要健全的制度作为保障，国家审计通过多种形式的审计活动，完善乡村治理结构，为乡村产业发展保驾护航。

“稳增长审计”是挖掘乡村产业潜力，揭示乡村产业短板的常规审计；脱贫攻坚审计是创造性地把人才、产业、农村、农民结合起来，把产业成果和外部人才优势惠及农村农民的有效制度保障；镇乡财政财务收支审计从财政财务的规范性角度保障乡村产业的资金合理使用、有效利用；绩效审计捆绑乡村政府和村民，形成产业兴旺的合力。

### 8.4.2 生态宜居是吸引点，是汇聚大智慧的基础

生态是乡村与城市的比较优势，通过乡村振兴战略的实施，充分发挥生态宜居的比较优势价值，实现乡村“弯道超车”。习近平总书记提出“绿水青山就是金山银山”，乡村振兴通过“绿水青山”的实践和创造性活动汇聚大智慧，实现“金山银山”。乡村在发展经济的同时注重经济的可持续发展，保护好乡村的原始生态，在经济价值的基础上提高经济价值的附加值——生态价值。国家审计应从全局角度，有效规避经济发展与环境保护的矛盾，更好地让经济与环境动态循环、互增互益。

“审大审地审空气”是国家审计服务生态宜居的重要表现。“蓝天保卫战”“河长制”“PM2.5”“创卫”等国家政策的贯彻执行，使国家审计的作用更加突出，与乡村振兴战略形成合力，提供政策上、发展模式上、发展理念上、绩效考核上的参考。自然资源审计把环境保护作为地方政府的重要政绩考核，促进地方政府的长远政绩观，在保护环境的前提下实现高额经济利益，规避为了追求短期经济利益牺牲环境生态的短视行为。

### 8.4.3 乡风文明是转折点，是汇聚大智慧的文化凝聚焦点

乡村落后，归咎于文化的落后。受落后文化的影响，陈旧的思想文化、道德观念严重地阻碍了乡村生产力的发展。乡村文化振兴，需要传承与创新，批判性地继承优秀的和反映乡村特征的文化，把现代优秀的

文化成果渗入其中，极大程度地解放乡村生产力。由于农村地区公共事务繁杂，国家力量和法律制度无法涉及每个环节，依靠乡规民约和道德习惯等展开自治就显得十分必要[①]，乡村文化振兴也是体现乡村的文化自信，国家审计作为国家治理的重要组成部分，有效地推动深化改革，通过对反映文化层面的物质基础的审计，促进文化繁荣。

国家审计加强对节能减排和生态环境保护的审计监督，促进农村生态文明建设；加强对农村公共基础设施的审计监督，促进农村物质文明和精神文明建设；加强对农村治安运行的审计监督，促进农村法制文明建设；加强对农村读书角建设的审计监督，促进农村文化文明建设；加强对农村公共体育设施投资的监督审计，促进农村健康文明的建设等。

乡村文明程度的提高，反作用于国家审计。乡村文化文明程度的提高，扩大了国家审计的素材，共同服务于国家治理；乡村物质文明程度的提高，提高了群众的获得感，推动了国家审计目标和路径的变革；乡村精神文明程度的提高，激发农村村民参与监督的积极性，成为国家审计的合作伙伴与依靠力量。

### 8.4.4 治理有效是保障点，是大智慧发挥才干的保障

党的十九大报告中提出要“培养造就一支懂农业、爱农村、爱农民的‘三农’战略工作队伍”，这是治理有效的一个亮点，乡村振兴缺少人才，缺少“懂农业、爱农村、爱农民”的“三农”战略人才，治理有效可以保障“三农”战略人才发挥才干。治理有效，有利于调动各方面的积极性、主动性和创造性，使其自觉地参与和奉献于乡村振兴；有利于各参与主体自我约束、自我监督、自我改造、自我完善，形成和谐向上的集体；有利于信息共享、互帮互助，形成共同致富，服务社会的创业格局。国家审计通过乡村领导干部经济责任审计，把乡村治理与干部业绩捆绑，把乡村有效的管理理念和管理模式解放出来；通过对打黑除恶政策贯彻落实的跟踪审计，把乡村治理提高到法制治理的轨道；通过对乡村党风廉政建设审计，发挥党员干部的先锋和先进作用，带领广大

---

① 曹志立，孙德超．乡村振兴战略下的乡村治理转型与完善［J］．商业研究，2018（12）：11-19.

村民团结奋斗，为乡村振兴奉献智慧和力量。

### 8.4.5 生活富裕是目标点，是展示大智慧成果的光荣榜

乡村振兴，就是为了满足人民对美好生活的向往，化解新时代主要矛盾。乡村生活富裕，村民的积极性、主动性、创造性才会被调动起来，进一步实现更高目标。生活富裕是国家审计的总指挥棒，各项政策执行得如何、贯彻得怎样，最终需要乡村村民的幸福获得感和现实体验感来评价。生活富裕的实现途径是引导国家审计开阔思路、变更审计模式、发展审计创新的推动力和倒逼机制，有利于国家治理的进一步完善和提高，实现乡村更加富裕、国家治理更加完善的良性循环。

## 8.5 乡村振兴审计的建议

“产业兴旺、生态宜居、乡风文明、治理有效、生活富裕”的总要求，环环相扣，层层递进，涉及乡村的政治、经济、文化、和谐社会和生态环境等各个方面，表明乡村振兴不是单一项目，而是一个系统工程。国家审计服务乡村振兴不是单一目标审计，而是多目标协调审计。

### 8.5.1 以“生活富裕”为审计灵魂，构建乡村振兴国家审计体系

生活富裕不只是发展乡村经济，还涉及乡村的政治、文化、和谐社会和生态环境等诸多方面的综合呈现，国家审计需要以“生活富裕”为中心思想，形成一套综合的审计框架体系。国家审计理论框架是指国家审计理论系统内部各组成要素之间相互联系、相互作用的方式或秩序，亦即国家审计理论系统内部各要素之间的排列与组合形式[①]。

设计乡村振兴审计要以乡村的现状为基础，即现有的文化水平、政治水平、经济水平为基础。首先，以“政策贯彻执行”线和“资金流向”线为导向，合理设置政策贯彻执行和资金流向的政治、经济、文

① 蔡春，李明，毕铭悦．构建国家审计理论框架的有关探讨［J］．审计研究，2013（3）：3-10，21．

化、生态等物质载体，农村村民的幸福获得感和产生的效益标准，充分发挥国家审计“免疫系统”的同时，发挥国家审计的激励创新功能，规避束缚智慧发挥；其次，合理评估乡村振兴的相关联系，统筹安排审计资源，保障政策创造性贯彻执行；最后，充分发挥国家审计的主要功能的同时，当好参谋、帮手和外援。

### 8.5.2 以“产业兴旺”为审计实体，设计乡村振兴国家审计主要载体

产业是可以感观的载体，国家审计利用常规的审计思路为产业发展保驾护航，让发展产业的资金和优惠政策落实到产业兴旺实践活动中去。一是通过预算审计，加强对产业发展资金的全面预算管理、科学使用、优化整合，把产业发展的零散资金集中起来，优先发展重点产业，集中力量办大事。二是通过财政收支审计，保障乡村发展资金正确使用、按时按需使用，规避资金风险。三是通过绩效审计，科学评估乡村产业兴旺的政策执行情况和存在的风险，客观分析产业发展中的优点与不足，集中思考，防范风险。

### 8.5.3 以“生态宜居、乡风文明”为审计支撑，设计乡村振兴国家审计两翼

生态宜居和乡风文明是判断乡村软实力振兴的标准，也是乡村文化发展情况的重要表现。设计“生态宜居、乡风文明”的审计内容需要找到相关看得见的审计载体。可以参考平衡计分卡的四个维度理念，为“生态宜居、乡风文明”的审计内容设计看得见的载体：在财务方面，审计“生态宜居、乡风文明”的预算资金和使用资金；在内部流程改造方面，审计相关主体为“生态宜居、乡风文明”建设做了哪些实事，如基础设施、广告宣传、文化活动等；在人才方面，审计吸引了多少外部人才和家乡人才，人才为“生态宜居、乡风文明”做了哪些贡献等；在学习与创新方面，审计相关主体乡村村民的读书数量，每天阅读人数，乡村居民的日常生活和娱乐活动等。合理设置乡村振兴国家审计的两翼，为“乡村生态宜居、乡风文明”的实践活动提供方法论的指导和思

维的引导，让“生态宜居、乡风文明”成为乡村的名片，服务于乡村振兴的大目标。

### 8.5.4 以“治理有效”为审计骨架，构建乡村振兴国家审计支撑

治理有效是评价乡村治理手段和结果的有效性，在国家审计中结合每个乡村的实践，区别标准，客观评价。一是要制定治理有效的基本标准和浮动标准，使目标具体化，还可以量化；二是建立健全乡村治理的制度体系，评价制度体系的实际可用性和执行的情况；三是建立乡村治理的考核体系，可以从物质层面、制度层面、文化层面、创新层面等多层面分级分指标落实考核，按照“群众无小事”的要求客观评价“治理有效”考核指标的实际情况。

# 第9章　生态文明审计的理论基础与路径探究

## 9.1　问题的提出

党的十九大报告阐述了我国生态文明建设在哲学思想、制度设计、资源节约和有效利用、环境保护、生态治理修复等方面取得重大成就，高瞻远瞩地部署了“树立和践行‘绿水青山就是金山银山’的理念，坚持节约资源和保护环境的基本国策，像对待生命一样对待生态环境，统筹山水林田湖草系统治理，实行最严格的生态环境保护制度”的生态文明建设任务，以对待生命的高度重新定位了“生态文明”的战略定位、建设理念和价值实现，肯定了“生命的意义是什么”，决定了生态文明建设的意义属性。生命既需要存在性，也需要展示，决定了保护生态文明在保护其自然属性的同时，合理展示生态文明的其他属性，以自然属性为载体，发挥平台效应，转化和利用其他优秀文明，形成文明合力，共同服务于人类社会。

生态文明作为国家提出的重要战略决策，如何保障该决策的顺利执行并取得良好效果？而国家审计作为紧紧围绕国家治理的各项任务，通过加强对宏观经济政策执行情况的跟踪审计，促进各项决策部署落实到位的一个重要的治理手段和工具[①]，如何更好地服务于生态文明的发展？本书以“五观理论”[②]为视角，结合市场营销学“4P理论”，在归纳分析生态文明、生态文明审计的相关研究成果的基础上，提出了生态文明审计依据生态文明产品审计、生态文明价值审计、生态文明渠道审计、生态文明销售审计、生态文明公共关系审计和生态文明政治权力审计的审计路径，并提出相关审计建议。

## 9.2 文献回顾与评述

生态文明是生产力高度发展对人类社会提出的更高要求，发展生态文明的倡议激发了学术界的研究热情，以下结合学者对生态文明审计的相关文献进行梳理，从生态文明研究、生态文明审计研究、批判性分析等方面进行评述。

### 9.2.1 生态文明研究

有关生态文明的研究集中在以下几个方面：

一是生态文明思想内容的研究。美国莫里森教授1995年编著出版《生态民主》，首次提及生态文明，将生态文明作为工业文明之后一种新的文明形式[③]；美国经济学家肯尼斯·鲍尔丁1966年在《一门科学——生态经济学》中正式提出生态经济学的概念[④]；Agrawal，A.和Lemos，M.C.（2006）把生态文明建设与环境治理联系起来[⑤]。

二是中国特色的生态文明思想研究。生态文明思想的产生是满足国

① 刘家义. 论国家治理与国家审计［J］. 中国社会科学，2012（6）：60-72，206.
② 魏华，卢黎歌. 习近平生态文明思想的内涵、特征与时代价值［J］. 西安交通大学学报（社科版），2019，39（3）：69-76.
③ MORRISON R.Ecological Democracy［M］. Boston：South End Press，1995：281.
④ BOULDING K E.Economics as a Science［M］. New York：McGraw-Hill，1970：2-8.
⑤ LEMOS M C，AGRAWAL A.Submitted to Annual Review of Environment and Resources［J］. Environmental Governance，2006：5.

家治理能力现代化的需求[①]，是新时期对包括“人与自然的辩证统一论”“生态危机产生根源论”“人类文明的最终价值取向论”等在内的马克思主义生态哲学思想的继承与发展[②]。

三是生态文明思想的内容研究。关于生态文明建设的重要论述有“生态兴则文明兴，生态衰则文明衰”“绿水青山就是金山银山”“山水林田湖是一个生命共同体，人的命脉在田，田的命脉在水，水的命脉在山，山的命脉在土，土的命脉在树”“实行最严格的生态环境保护制度”等方面的统一体[③]。新时代生态文明的内容是以“生命共同体”理论为基础的生态自然观、以“两山理论”为核心的生态价值观、以“像对待眼睛与生命一样”为理念的生态义利观、以“绿色发展、和谐共生”为目标的生态发展观和以“文明兴衰”理论为要义的生态社会观等“五观理论”为基线的生态文明。

四是新时代生态文明思想的应用研究，主要涉及生态文明与经济发展的关系研究（比如，长江经济带、长三角一体化）、生态文明的评价体系研究、生态文明对国家和地方战略执行的影响研究等。习近平总书记江河湖泊保护与经济发展的论述见表9-1。

表9-1　习近平总书记有关江河湖泊保护与经济发展的论述

| 时间 | 考察调研活动 | 相关论述 |
| --- | --- | --- |
| 2013年7月21日 | 冒着大雨前往武汉新港阳逻集装箱港区，了解港口货物吞吐量情况 | 长江流域要加强合作，充分发挥内河航运作用，发展江海联运，把全流域打造成黄金水道 |
| 2015年1月20日 | 到洱海边了解洱海生态保护情况 | 一定要把洱海保护好，让“苍山不墨千秋画，洱海无弦万古琴”的自然美景永驻人间 |

① 段蕾，康沛竹．走向社会主义生态文明新时代——习近平生态文明思想的背景、内涵与意义［J］．科学社会主义，2016（2）：127-132．

② 周光迅，胡倩．从人类文明发展的宏阔视野审视生态文明——习近平对马克思主义生态哲学思想的继承与发展论略［J］．自然辩证法研究，2015（4）：105-111．

③ 伟民．建设生态文明 打造美丽中国——深入学习贯彻习近平同志关于生态文明建设的重要论述［N］．人民日报，2016-10-14．

续表

| 时间 | 考察调研活动 | 相关论述 |
| --- | --- | --- |
| 2016年1月5日 | 在推动长江经济带发展座谈会上的讲话 | 推动长江经济带发展必须从中华民族长远利益考虑，走生态优先、绿色发展之路，使绿水青山产生巨大生态效益、经济效益、社会效益，使母亲河永葆生机活力 |
| 2018年4月26日 | 在深入推动长江经济带发展座谈会上的讲话 | 坚持共抓大保护，不搞大开发，加强改革创新、战略统筹、规划引导，以长江经济带发展推动经济高质量发展 |
| 2018年9月26日 | 到吉林省松原市查干湖了解生态保护情况 | 绿水青山、冰天雪地都是金山银山。保护生态和发展生态旅游相得益彰，这条路要扎实走下去 |
| 2020年1月3日 | 在中央财经委员会第六次会议上发表重要讲话 | 黄河流域必须下大力气进行大保护、大治理，走生态保护和高质量发展的路子 |
| 2020年8月20日 | 在扎实推进长三角一体化发展座谈会上的讲话 | 长江禁渔是为全局计、为子孙谋的重要决策 |
| 2020年11月13日 | 在江苏扬州江都水利枢纽考察调研 | 我国水资源分布是“北缺南丰”，要把实施南水北调工程同北方地区节水紧密结合起来，以水定城、以水定业，注意节约用水，不能一边加大调水、一边随意浪费水 |

资料来源：夏金，吴晓文．习近平总书记的江河情怀，[EB/OL]．[2020-11-15]．https：www.tibet.cn/cn/politics/202011/t20201115_6896403.htm.

### 9.2.2 生态文明审计研究

生态文明建设是国家的重要战略部署，学者们研究生态文明审计侧重国家审计，主要聚焦于国家审计对生态文明建设的促进作用、生态文明审计框架、生态文明审计的内容、生态文明审计的方法、生态文明审计的路径、生态文明绩效考评等方面。赵存丽和刘明辉（2019）从生态文明审计科学体系、组织体系、制度体系、方法体系、文化体系等方面进行研究，提出加强生态文明审计建设的相关建议[①]；王爱国（2017）认为生态文明建设资金运动到哪里，生态文明审计就应该跟踪、覆盖和监督到哪里的审计建议[②]。刘西友和李莎莎（2015）从政府环境责任落实和环保权力规范运行等方面，厘清了审计机关推进生态文明建设的基本思路[③]；王爱国（2019）继而提出环境审计应该服务生态文明建设[④]。韩金红和刘西友（2014）认为审计机关应以国土空间开发、节能资源利用、环境保护和生态文明制度建设为依托，深化对生态文明内涵和外延的认识，努力探索、形成生态文明审计体系的整体范畴[⑤]；王志伟、姜学磊等（2021）从生态保护与修复的实施背景和审计实务的现状，研究了优化生态保护与修复审计的思路与重点，并提出优化生态保护与修复审计的建议[⑥]；刘洋、王爱国等（2019）详细地构建了生态文明绩效审计评价指标与评价标准[⑦]。

### 9.2.3 文献评述

通过梳理以上的文献可以发现，一是对生态文明和生态文明审计的研究是从监管者角度进行研究即审计供给方的角度研究，忽略了生态文明建设和生态文明审计的阶级特征、时代特征和国家特征，很少有研究需求方；二是生态文明的审计主体是国家，侧重国家审计对生态文明建设的治理作用研究，缺乏民间审计和社会审计对生态文明建设的相关研究；三是研究局限于狭隘的生态文明观。本书结合中国国情和生态文明的阶级属性，基于新时代习近平生态文明观，移植嫁接市场营销学的“4P理论”，构建基于供需双方的审计路径，并分别从政府审计、民间审计和内部审计角度提出相关审计建议。

---

① 赵存丽，刘明辉. 改革开放40年我国生态文明审计的发展与建设路径［J］. 财务与会计，2019（8）：33-36.

② 王爱国. 关于生态文明审计的几个基本理论问题［J］. 东岳论丛，2017，38（10）：110-121.

③ 刘西友，李莎莎. 国家审计在生态文明建设中的作用研究［J］. 管理世界，2015（1）：173-175.

④ 王爱国. 环境审计服务生态文明建设的理论探讨与体系重构——兼论生态文明审计的本质内涵［J］. 理论学刊，2019（3）：49-55.

⑤ 韩金红，刘西友. 论生态文明建设审计的内容体系与范围边界［J］. 会计之友，2014（16）：98-99.

⑥ 王志伟，姜学磊，侯杰. 生态保护与修复审计研究［J］. 审计观察，2021（1）：72-77.

⑦ 刘洋，王爱国，刘承伟. 生态文明绩效审计理论体系构建［J］. 财会通讯，2019（19）：86-90.

## 9.3 生态文明审计的理论基础

发展生态文明是一个系统工程，不能用孤立的观点引导和政策刺激，需要依靠辩证、系统和整体的思维做导向。以下将从产权论、委托代理理论、系统论、免疫系统论、人与自然全面发展观为出发点，分析生态文明审计的理论基础。

### 9.3.1 产权论

产权泛指对财产的所有权、占有权、使用权、支配权和收益权的权益集合。在经济与管理学界，科斯第一次使用产权界定企业的性质和企业的边界，其观点通过科斯定理进行系统描述，后来施蒂格勒等经济学家对该理论进行了发展和创新。产权理论（Property Rights Theory）主要包括以下几个要点：一是从交易角度出发导出自由交易理论，自由交易中财产的法定权利的最初分配不影响经济效率；二是从成本角度出发导出交易成本理论，零交易成本中财产的法定权利的最初分配不影响经济效率；三是从竞争角度出发导出交易竞争理论，完全竞争中财产的法定权利的最初分配不影响经济效率。

科斯产权理论（Coase's Theory of Property Rights）是从经济效率角度提出了优化产权的三种方法：自由交易、无交易成本和完全竞争。习近平提出了以“生命共同体”理论为基础的生态自然观，就是通过外部成本内部化，降低交易成本，提高生态文明建设的经济效益，产权理论为生态文明审计提供了效益角度的方法论指导。

### 9.3.2 委托代理论

委托代理理论（Principal-Agent Theory）是在非对称信息博弈论的基础上衍生出来的，核心是研究委托代理双方在信息不对称并且利益不一致的情况下，委托人如何通过机制设计来激励代理人，使其努力实现委托人自身效用最大化[①]。从Loeb将政府监管行为看成一个委托代理问题以来，委托代理模型在政府监管问题中被广泛使用[②]。生态文明建设是一项政府内部的委托代理问题，是中央政府委托地方政府并对地方政府的代理结果进行考核的特殊代理，是中央政府与地方政府的非对称信息的博弈。国家审计可以从治理层面上，利用国家审计的特殊性，最大化地披露地方政府对生态文明建设的履职情况，便于中央政府通过机制设计来激励代理人，使其努力实现委托人自身效用最大。

### 9.3.3 系统论

系统论（Systems Theory）认为，世界是一个有机整体，需要通过系统的观点来认识世界和剖析世界，从而揭示事物的本质与规律，它是马克思主义辩证法联系论、发展论、矛盾论综合运用产生的理论。习近平提出以“生命共同体”理论为基础的生态自然观、以“两山”理论为核心的生态价值观、以“像对待眼睛与生命一样”为理念的生态义利观、以“绿色发展、和谐共生”为目标的生态发展观和以“文明兴衰”理论为要义的生态社会观的“五观”生态文明理论，构建了中国特色社会主义生态文明理论，形象地把生态文明建设的“五观理论”作为一个体系进行研究。

国家审计作为局外机制，便于更加客观公正、科学地反馈和评价生态文明建设与社会建设、经济建设和文化建设的关系，中央和地方政府与人民群众的关系，未来、现在和过去的关系，促进生态文明建设的作用完全发挥，成果惠及全体人民。

### 9.3.4 免疫系统论

免疫系统论（Immune System Theory），是由审计署审计长刘家义在2008年全国审计工作会议上提出[③]。国家审计的本质是国家治理这个大系统中内生的具有预防、揭示和抵御功能的“免疫系统”，核心是推动民

① 任勇，李晓光. 委托代理理论：模型、对策及评析［J］. 经济问题，2007（7）：13-15.

② LOEB M，MAGAT W A.A Decentralized Method for Utility Regulation［J］. The Journal of Law and Economics，1979，22（2）：399-404.

③ 刘家义. 审计署审计长在2008年全国审计工作会议上的讲话［EB/OL］.［2008-12-29］. 中央政府门户网站，http：//www.gov.cn/gzdt/2008-12/29/content_1190601.htm.

主法治，实现国家良好治理，促进国家经济社会健康运行和科学发展，从而更好地保障人民的根本利益[①]。生态环境形势日益严峻，生态文明建设面临重大挑战，已成为严重制约中国社会安全、生活安全与经济安全的瓶颈。生态文明建设是一项系统工程，审计监督在其间的作用不可或缺。充分发挥国家审计的“免疫系统”功能，及时改善或者改革阻碍生态文明建设的生产关系，保障生态安全，维护社会和谐。比如，为便于审计机关明晰审计监督的内容，搜集审计信息的渠道，新一轮国务院机构改革对生态保护与修复工作的职责隶属关系进一步优化，一定程度上提高了生态文明审计的工作效率（见表9-2）[②]。

表9-2 **生态保护与修复职责分工**

| 职能部门 | 职责分工 |
|---|---|
| 自然资源部 | 负责统筹国土空间生态修复。牵头组织制定国土空间生态修复规划并实施有关生态修复重大工程。负责国土空间综合整治、土地整理复垦、矿山地质环境恢复治理、海洋生态、海域海岸线和海岛修复等工作。牵头建立和实施生态保护补偿制度，制定合理利用社会资金进行生态修复的政策，提出重大备选项目 |
| 其中：国家林业和草原局 | 实施重要生态系统保护和修复工程，加强森林、草原、湿地监督管理的统筹协调，大力推进国土绿化，保障国家生态安全 |
| 生态环境部 | 指导协调和监督生态保护修复工作。组织编制生态保护规划，监督对生态环境有影响的自然资源开发利用活动、重要生态环境建设和生态破坏恢复工作。组织制定各类自然保护地生态环境监管制度并监督执法。监督野生动植物保护、湿地生态环境保护、荒漠化防治等工作。指导协调和监督农村生态环境保护，监督生物技术环境安全，牵头生物物种（含遗传资源）工作，组织协调生物多样性保护工作，参与生态保护补偿工作 |
| 水利部 | 指导水资源保护工作；负责水土保持工作 |

① 刘家义. 论国家治理与国家审计［J］. 中国社会科学，2012（6）：60-72，206.
② 王志伟，姜学磊，侯杰. 生态保护与修复审计研究［J］. 审计观察，2021（1）：72-77.

续表

| 职能部门 | 职责分工 |
| --- | --- |
| 发展改革委 | 参与编制生态建设规划，提出资源节约综合利用的政策，协调生态建设和资源节约综合利用的重大问题 |
| 财政部 | 承担自然资源、生态环境、林业草原等方面的部门预算和相关领域预算支出有关工作，提出促进资源节约、土地整治、生态保护修复、污染防治、核与辐射安全、海洋、测绘、国家公园建设等方面的财政政策建议。参与拟订自然资源和生态环境领域发展规划、政策等 |
| 审计署 | 组织开展领导干部自然资源资产离任审计以及自然资源管理、污染防治和生态保护与修复情况审计 |

### 9.3.5 人与自然全面发展观

从历史发展看，繁荣发展生态文明是中华民族复兴的高级表现，它既是民族复兴的重要内容，也能为民族复兴提供强大生态支撑；从人的发展看，繁荣发展生态文明是人的全面发展的现实需求，有利于缓解人与自然的矛盾，真正满足人民对美好生活的向往的需要；从国家战略布局看，繁荣和发展生态文明是对中国特色社会主义事业“五位一体”总体布局的系统把握和科学运用。生态文明建设的好坏直接决定人与自然的关系，人的自我发展状况。

人与自然全面发展是生态文明建设和社会各个方面建设的最终目标。人类在发展生态文明的实践过程中遇到各种困难和诱惑，导致与生态文明建设的目标相矛盾，国家审计牢固把握人与自然全面发展论的指导思想，以是否有利于实现人与自然全面发展观作为审计底线和最高红线，保障生态文明建设在斗争中前行。

## 9.4 生态文明审计的路径演绎

本节以“五观理论”为缘起，在归纳分析生态文明、生态文明审计的相关研究成果和理论的基础上，提出了生态文明审计依据生态文明产品审计、生态文明价值审计、生态文明渠道审计、生态文明销售审计、生态文明公共关系审计和生态文明政治权力审计的审计路径。

### 9.4.1 精准对象化生态文明建设的产出形式，有效开展生态文明产品审计，激发对生态文明建设的探索精神和创新精神

生态文明建设作为一项工程，需要考虑它的经济效益和社会效益，生态文明产品构成衡量生态文明建设的经济效益和社会效益的载体。以“生命共同体”理论为基础的生态自然观，需要明确生态文明建设产品的自然属性；以“两山理论”为核心的生态价值观，需要明确生态文明建设产品的价值属性；以“像对待眼睛与生命一样”为理念的生态义利观，需要明确生态文明建设产品的成本效益观念；以“绿色发展、和谐共生”为目标的生态发展观，需要明确生态文明建设产品的发展属性；以“文明兴衰”理论为要义的生态社会观，需要明确生态文明建设产品的社会属性。

准确定位生态文明建设的产出形式，有利于客观评价生态文明建设的具体产品，生态文明建设的参与者和组织者才能把希望寄托于产品，激发自身的探索与创新精神，将生态文明的审计由抽象变成具体，由陌生变成熟悉。

### 9.4.2 科学评价生态文明建设的价值，有效开展生态文明价值审计，激发对生态文明建设的积极性和创造性

开展生态文明的产品审计，指导国家审计找到生态文明的物化属性，科学评价生态文明的物质产品，侧重评价商品的使用价值。商品是使用价值与价值的统一体，生态文明的建设经费，中央和地方政府根据价值进行投入，这就要求国家审计依据“资金线”，在财政财务审计的基础上开发生态文明的价值线，特别是创造价值。生态文明建设的价值具有强大的外部效应和公共产品属性，通过国家审计的权威身份，合理并科学地评价和评估生态文明建设的价值具有显著的战略意义。价值是多少，价值链是什么，如何定价公共产品价值和外部效应价值，对审计

工作来说是新的实践尝试，也是国家审计理论发展的实践基础。

“五观理论”比较形象地展示了生态文明建设的价值，为开展生态文明价值审计打开了窗口，国家审计、社会审计和内部审计需要利用“窗口效应”创新价值审计方法、构建价值审计模型、开发价值评价体系，确保“五观”生态文明在国家层、社会层和企业层充分呈现。

### 9.4.3 主动融入竞争系统，有效开展生态文明渠道审计，为生态文明建设准确定位保驾护航

生态文明的产品属性和价值属性，决定了生态文明建设的商品属性。根据生态文明建设的文献梳理发现：第一，把生态文明建设与环境保护结合一起研究，多数研究生态文明建设的社会效益，很少研究生态文明建设的经济效益；第二，研究生态文明的经济效益的文献研究重点在于国家投入的经济效益，很少涉及生态文明建设中私有产品属性的经济效益；第三，生态文明建设研究重点放在怎么建设，怎么审计，对建设什么、如何实现价值的研究凤毛麟角。生态文明建设需要把生态文明的生态属性附加到私人产品的增加值中，通过私人产品的增加值效应提高私人产品的竞争力，从而提高人民的生活水平。因此，开展生态文明审计需要审计生态文明建设是否融入了竞争系统，怎么竞争，创新如何。开展生态文明渠道审计才能合理评估生态文明建设的竞争力和附加值属性，为生态文明建设准确定位保驾护航。

### 9.4.4 大胆走出去，有效开展生态文明销售审计，展现生态文明建设的倍增效应

开展生态文明渠道审计，认清生态文明的发展方向和辐射范围，为进一步实现生态文明价值发挥管道效应。开展生态文明销售审计，为生态文明价值的实现提供保障。生态文明销售审计涉及生态文明产品的顾客对象、市场细分、盈利模式、服务理念等，这需要审计人员充分发挥“大区智云移”新技术，当然审计人员在运用这些新技术开展生态文明审计时，需注意以下几个问题：一是提升生态资源信息系统质量，检查生态资源信息系统的安全性、稳定性、合理性、效率

性，对数据的真实有效性进行核查；二是通过多方式、多渠道搜集数据，要提升数据保密技术，在审计委员会的指导下，建立生态文明成员单位之间定期保障、及时更新数据的共享机制；三是积极推动生态数据融合方案的制定，建立生态文明审计信息融合平台。在审计过程中以引导与帮助为主，改变以往问题导向审计模式，变成帮助、建议与连线审计模式，充分展现生态文明建设的倍增效应。皇帝的女儿“不愁嫁”“不要嫁”的供给主导型审计模式，不利于生态文明产品的价值实现，不利于生态文明产品属性的私人产品属性的体现，需要审计人员综合运用问题导向、资源连线、专家智库的审计模式，让生态文明建设永葆青春。

### 9.4.5 推动生态文明建设的系统管理，开展生态文明公共关系审计，引导生态文明建设服务中国特色社会主义事业“五位一体”的总体布局

生态文明建设是产品、价值、渠道和销售的统一体，是物质文明和精神文明的统一体，是生产力和生产关系的统一体。产品、价值、渠道和销售审计的是生产力，是人民改造自然的能力的审计，能力的发挥需要处理与之联系的人类关系，因此，开展产品审计，需要开展生产关系审计，让生产关系更好地服务生产力的发展，而不是阻碍生产力的发展。中国特色社会主义事业“五位一体”的总体布局确定了生态文明涉及的公共关系，这些关系构成一个统一体，怎么开展生态文明公共关系审计是一个新的课题。学者们开展了系列讨论，通过明确自身形象进行定位、增加审计项目的公众参与性、建立双向互动的平台给予公众交流的机会，同时利用各种媒体手段全方位展示国家审计、在审计项目中关注民生等社会热点问题让审计更加贴近公众，并向审计人员进行公关教育和廉政教育以维护国家审计的形象①。

① 薛婷婷．中国特色的国家审计公共关系研究［J］．审计月刊，2013（1）：10-12.

### 9.4.6 “把权力关在制度的笼子里”，有效开展生态文明政治权力审计，为生态文明建设扫清体制和人为障碍

各级政府是生态文明建设的主导者和实践人，人民群众是生态文明建设成果的受益人。受政治任期和经济责任审计的压力，生态文明建设的权力存在被地方政府主要负责人或者集体滥用，损害人民群众的根本利益，“把权力关在制度的笼子里”变得异常重要。因此，在经济责任审计、领导干部离任审计、自然资源审计等系列政府审计中把有效开展生态文明政治权力的审计作为重要的审计内容，并赋予更高权力，为生态文明建设保驾护航。

## 9.5 结论与建议

以“生命共同体”理论为基础的生态自然观、以“两山理论”为核心的生态价值观、以“像对待眼睛与生命一样”为理念的生态义利观、以“绿色发展、和谐共生”为目标的生态发展观和以“文明兴衰”理论为要义的生态社会观的“五观理论”，构建了新时代中国特色社会主义生态文明理论。以“五观理论”为缘起，在归纳分析生态文明、生态文明审计的相关研究成果的基础上，本章提出了生态文明审计依据生态文明产品审计、生态文明价值审计、生态文明渠道审计、生态文明销售审计、生态文明公共关系审计和生态文明政治权力审计的审计路径，并提出相关审计建议：

第一，构建生态文明产品审计系统，覆盖研发、生产、销售和服务各个流程的审计。把审计作为产品生产系统的导向，让生态文明建设把市场需求与供给联系起来，把价值与使用价值联系起来，把投入与产出联系起来，让审计创造价值。

第二，构建生态文明价值链审计系统，覆盖辅助活动、价值活动、创新活动的审计。通过审计让生态文明建设的价值链清晰明确，合理保障价值链活动的正常开展，削弱或者停止非价值链上的活动，最大化地实现生态文明建设资源的帕累托改进。

第三，构建生态文明关系审计系统，覆盖国家审计、社会审计和内部审计的生态文明责任追究的审计。生态文明建设需要国家、社会和企业的参与，只有国家审计、社会审计和内部审计的有效配合，才能把生态文明的外部效应和公共产品效应发挥出来，让“公地的悲剧”不再出现（注：详见美国学者哈定1968年发表在《科学》杂志的《公地的悲剧》）。

第四，构建区域特色的生态文明审计系统，覆盖公共产品效应审计、外部效应审计、附加值效应审计。生态文明的区域特色是文化自信的体现，只有在生态文明建设中形成区域特色，才能发挥附加值倍增效应，外部效应和公共产品效应的有利方面才能被激发出来。

# 第10章 国家审计服务地方的路径研究——基于湛江副中心城市建设的定位

## 10.1 引言

湛江市作为我国广东省的重要港口城市，受中美贸易摩擦和新常态影响较大，肩负着“加快建设省域副中心城市、打造现代化沿海经济带重要发展极”的历史使命，是“粤港澳大湾区”的重要成员，还是“海南自贸区”的重要参与者，更是“环北部湾经济区”的主力军。湛江市的发展关系着国家战略方针政策执行的程度和效果，是检验国家应对新常态的能力和水平的重要标志，是考验中国共产党人带领全国各族人民战胜一切困难的胸襟和气魄的重要战场。

而国家审计本质上是国家治理这个大系统中的一个内生的具有预防、揭示和抵御功能的“免疫系统”，是国家治理的重要组成部分①，从治理作用上激发湛江市共产党人带领本市人民守业创业的自觉性、主

① 刘家义. 中国特色社会主义审计理论研究［M］. 北京：中国时代经济出版社，2013.

动性和创造性，预防和惩治腐败，保障湛江市创造性地贯彻执行党和国家的路线、方针和政策，高质高效地完成政府年度工作部署。

本章将结合2020年湛江市政府工作报告部署的任务和要求，研究和探讨国家审计服务湛江市地方政府的技术路径、质量评价体系和审计创新三个主题，为提升湛江市的治理水平和能力提供理论依据和新的视角。

## 10.2 设计国家审计服务湛江发展的技术路径

政策上，通常把省域副中心城市定义为在一省范围内，综合实力较周边城市强大，经济辐射力超出了自身管辖的行政区范围，拥有独特的优势资源，且与主中心城市有一定距离、可以被赋予带动周边区域发展重任的大城市。湛江市处于粤西地区，拥有海洋资源优势，经济发展有后发优势，海陆空交通发达，被广东省纳入省域副中心城市之列，是省委、省政府作出的重要战略决策。省域副中心城市的功能发挥，需要从巩固经济排头兵地位、做强特色优势资源产业、优化服务周边城市、完善交通设施四个方面整合资源，打通城市内和周边城市间的需求供给双循环，走区域特色创新驱动的发展之路。

湛江市被赋予省域副中心城市的机遇，同时也赋予湛江市更多的约束与挑战，决定了湛江市委市政府既要做好裁判员也要做好运动员的双重身份，践行好市级国家治理主体能动性治理本区域，具有开拓性挑战。国家治理目标就是建立激励约束机制和信息传递机制来解决委托代理关系带来的系列问题。为保障湛江市委市政府的实践活动与省委省政府目标一致并保证人民的利益，需要一个机制进行维护，而国家审计作为政府与社会公众之间信号传递的重要桥梁，有利于提高审计信号传递的可靠性和公信力，提升国家审计参与国家治理的效率，促进国家治理目标的实现[①]。

① 姜建军．2020年湛江市政府工作报告［EB/OL］．［2020-01-09］．https：//www.zhanjiang.gov.cn/xxgk/zfgzbg/content/post_1027658.html.

### 10.2.1 以构建经济排头兵为审计源头，保障湛江副中心城市建设的公信力

成为经济排头兵的目标是建设省域副中心城市的责任和义务，对副中心城市实质性建成有决定性作用。经济排头兵目标倾注副中心城市形式存在性，也给予副中心城市实质性的内容。为保障经济排头兵目标的形式影响力和实质运行活力，湛江市委市政府需要充分运用审计思维建设副中心城市的湛江，同时开展好经济排头兵的源头审计，保障湛江的经济建设围绕国家政策和资源优势良性运转、保障湛江的副中心城市建设的公信力。

（1）围绕2020年湛江市政府工作报告中的工作安排要求把“2020年湛江市经济社会发展的预期目标”纳入审计监督范围，把地区生产总值增长、规模以上工业增加值增长、固定资产投资增长、社会消费品零售总额增长、外贸进出口总额增长、实际利用外资增长、一般公共预算收入增长、港口货物吞吐量增长、居民人均可支配收入增长、居民消费价格指数涨幅、城镇登记失业率等预期与我国已经建成的省域副中心城市对标定位，突出国家审计扮演的参谋角色；（2）深度揭示湛江市经济排头兵建设活动的真实性、合法性和效益性，辩证分析建设过程中存在的风险和可能存在的违法违规行为；（3）审查国家和广东省政府支持湛江副中心城市建设的相关政策的合理性和执行情况，及时反馈建设过程中遇到的困难和存在的新机遇；（4）构建“经济排头兵”的大审计格局，经济排头兵的创建需要政治、文化和社会其他方面的合理配合与互补互济。

### 10.2.2 以发展特色优势资源产业为审计主线，保障湛江副中心城市建设的可塑性

建设副中心城市需要发展自己比较优势的产业，根据比较优势理论，特色优势资源是形成比较优势的重要要素，它关系着本行政区域的经济布局、人才集中和区域影响力的广度和深度。但是新农村建设、西部大开发、中部崛起和东部优先发展的实践发现，各区域发展特色资源

产业存在如下的弊端：

第一，特色资源产业选择的随意性大。地方政府只管上报项目，争取相应的项目资金，对相关项目是否属于本区域的绝对比较优势产业或者相对优势产业不关心，导致后续建设效益差、发展慢、人民不满意。第二，特色资源产业选择的雷同性。同一产业遍地开花，附加值不高。第三，主观体制近似性高，难以激发特色优势资源产业形成积极性、主动性和创造性发展，难以把产业影响力扩散到区域之外。第四，特色优势资源产业没有龙头企业。小企业多，粗放型运作程度高，没有形成显著的特色优势资源产业带和产业群。因此，国家审计应以特色优势资源产业发展为审计主线，把前述的发展弊端作为审计的重要风控点，保障湛江的副中心城市建设的可塑性。

### 10.2.3 以辐射周边城市为审计外延，保障湛江副中心城市建设的持续性

省域副中心城市不但要服务于本行政区域，也要通过副中心城市的辐射、杠杆作用，把自身优势和特色带出本行政区域，服务更多的周边区域，打造自身的知名度和美誉度。湛江把周边城市服务效益作为审计的补充和外延，对建设副中心城市有着重要的战略意义，有利于保障湛江副中心城市建设的持续性。湛江与茂名、阳江临近，与海南隔海相望，与广州南沙保税港区、深圳前海保税港区以及海南自由贸易港海航线相连，与30多个城市建立了航线，与北部湾城市建立了合作平台，决定湛江作为副中心城市大有作为。

可以例证的是，1978年宜昌GDP仅有8.81亿元，1993年突破百亿大关，2008年跨入1 000亿元行列，2014年GDP达到2 508亿元；宜昌把握住作为省域副中心城市的机遇，实现了宜昌从大城市向特大城市的跨越[①]。因此，湛江需要把握好副中心城市建设的机遇，把与相联系城市的优势互补情况、资源整合情况、对周边城市的服务情况作为建设副中心城市的重要内容。湛江市2020年政府工作报告提出“坚持创新和

① 宜昌市人民政府. 宜昌现代化特大城市建设顶层设计纪实［EB/OL］.［2014-08-30］. http: //www. yichang. gov. cn/html/zhengwuyizhantong/zhengwugongkai/juecejiedu/bendijuecejiedu/2014/0830/603941.html.

改革开放双轮驱动”，需要以周边城市服务效益为审计外延，以保障湛江副中心城市建设的持续性。

### 10.2.4 以交通和通信等新基建为审计要害，保障湛江副中心城市建设的生命力

交通与通信便利是省域副中心城市的关键考量指标，是拉近副中心城市与中心城市和其他城市的重要基础保障。因此，湛江市要把交通和通信等新基建项目作为重要抓点，以交通和通信设施建设为审计要害，保障湛江副中心城市建设的生命力。湛江市2020年加快全国性综合交通枢纽建设，计划安排基础设施重点项目74个，年度投资244亿元，让湛江在海陆空和信息建设方面上一个新台阶。项目多，金额大，工期长，决定交通和通信设施建设审计的风险点多，难度大，国家审计需要从以下几个方面做好风险防范：

一是技术评审审计，重点审计交通和通信设施建设的未来需求量和需求技术标准，防范未来集中使用造成的拥挤和技术生命周期短暂的突出问题；二是开展项目必要性审计，74个项目都是大项目，涉及资金量大，建设周期长，影响面广，同时属于重大民生工程，增加了审计这些项目的必要性，以保障项目建成的使用价值和价值，避免形象工程和重复建设，减少浪费；三是与自然资源审计配合进行，项目建设势必影响资源和环境，在进行项目建设时需要认真履行国家环保标准和自然资源保护标准的要求，实现项目建设与自然资源协调发展，相得益彰；四是大力开展责任审计，把反腐败进行到底，项目是腐败的滋生地，对腐败具有强大的诱惑力，在项目建设中积极组织党风廉政建设，预防腐败，是项目保质保量按期完成的基本保障。

## 10.3 构建国家审计服务湛江发展的“质量”评价体系

建设省域副中心城市不是容易的事，依靠扎实工作的推动，依托优秀业绩论证，国家审计扮演“免疫系统”、“参谋系统”和“论证系统”的角色，必须要有一套科学有效的质量评价体系，才能对湛江副中心城

市建设作出客观的评价，更好地服务湛江副中心城市的建设。

### 10.3.1 精准界定审计质量的内容

审计质量的内容不是一成不变的，随着环境的改变而呈现出不同的表现形式。目前湛江面临复杂多变的外部环境、“三期叠加”的严峻挑战、多重困难叠加的复杂局面，决定了审计质量的内容不仅是发现揭示问题，更多的是针对这些问题提出可行的决策建议，提高城市建设过程中的风险防控能力、复杂环境的决策能力、突发事件的处理能力和集中力量办大事的调度能力。

### 10.3.2 科学界定审计质量的评价标准

审计质量的评价标准决定了审计的认可度，国家审计是国家决策部署贯彻执行的监视器和催化剂，应当结合湛江的实践经验和遇到的困难，科学地界定评价标准，不能按其他省域副中心城市的标准搞“一刀切”审计。湛江市的建设不是毕其功于一役就能完成的，是一个不断持续推进的过程，审计质量的评价标准相应地需要合理界定静态评价与动态评价两个基本维度的评价标准，赋予评价标准以生命力，在客观评价建设实际的同时，激发本市建设的内在推动力和创造力，发现问题的同时激发自信心。

### 10.3.3 层次化审计质量控制重点

湛江副中心城市建设涉及的项目多，金额大，周期长，风险大，是本区域前无古人的伟大实践，国家审计人员受专业知识、工作经验和人员的限制，在责任追究和目标控制的双重压力下，决定国家审计项目突出重点、突出难点、突出时点和突出热点，做好审计项目预算计划、决策计划、执行计划、报告计划与合作计划，锻炼出会审计、能审计、优审计和强审计的高质量审计队伍，服务湛江副中心城市的建设。

### 10.3.4 强化审计质量问责机制

审计不是过程，而是责任与承诺，更是信任的托付。因此，国家审计要对得起这份信任与荣誉，必须强化审计质量问责机制，在责任的压力下交出满意的审计答卷。

一是完善湛江市审计制度建设，在顶层设计上下足功夫，把制度建设与审计“执行力、推动力、责任力”联系起来，把审计制度演变成一套“会激励、会约束、会模仿、会创新”的国家审计生态系统，为提升审计质量提供地方性法规支撑和动力源泉。

二是健全审计过程管理系统，涵盖审计立项、审计方案编制、审计实施、审计报告、审计整改跟踪和审计结果，运用全部内容做到业绩量化考核、事后现场检查回顾，有效解决立项不准确、方案不科学、执行不严格、责任不明确和业绩考核难的问题。

三是完善审计评价网络系统，把审计放到阳光下，自觉接受党和人民的监督，及时发现审计执行中存在的问题，规避事后风险。

四是完善审计容错机制和问责机制，科学区分探索错误和有意识错误，对违反法定审计程序、因故意出现认定事实错误或重大问题遗漏、超越或者滥用审计职权等行为严格问责，认真对待在“摸着石头过河”的稳步求真过程中出现的探索错误。

## 10.4 探索国家审计服务湛江发展的审计创新

邓小平同志在《解放思想，实事求是，团结一致向前看》的报告中指出：“各方面的新情况都要研究，各方面的新问题都要解决，尤其要注意研究和解决管理方法、管理制度、经济政策这三个问题。”湛江市对标省域副中心城市和现代化沿海经济带“重要发展极”，在发展建设中会出现很多问题和存在的不足，为国家审计服务湛江发展的审计创新提供了理论的可行性和现实的必要性。国家审计需要当好参谋和智库，帮助湛江对在副中心城市建设中存在的“管理方法、管理制度、经济政策”等方面的问题出谋划策，并作出审计创新。

首先，研究新常态，立足湛江实际，创新审计方法。转变问题导向和风险导向审计方法，集问题导向、风险导向和探索导向于一体，做到问题、风险、探索前后联动，迭代推动，做到事前审计的科学、事中审计的辩证和事后审计的精准；转变抽样审计与全面审计观念，形成大审计观念，做到全战场参与、多兵团作战、全省融合和多领域互济的大审计实践；弥补观察、检查、询问、函证、分析复核等审计方法固有的缺陷，发挥“大智移云”的功能，增加原有方法的时效性和同步性，同项目多方法论证，提高审计的威信力。

其次，对标省域副中心城市，融合湛江市2020年工作目标，优化审计管理制度。湛江地处粤西地区，经济结构调整任务艰巨、工业增长处低位运行、污染治理任务艰巨、区域发展差距大，需要从审计管理制度上进行创新，激发制度活力。从政治生态环境、干事创业环境、法治环境、自然生态环境、社会环境五个方面研究管理制度，把制度审计位移审计重点，释放制度红利，缓解甚至消除湛江对标省域副中心城市出现的突出问题。

最后，透析国家战略布局，裂变湛江市发展机遇期，释放经济政策审计红利。转变地方政府“只管低头拉车，忽略抬头望路”的蛮牛工作路径，帮助地方政府研究国家政策，转变固定发展机遇期为永续发展期，完整享受经济政策红利，科学落实和创新发展国家的重要经济政策，做到湛江副中心城市建设有特色、有活力、有弹性和韧性。

# 第11章　结论与启示

## 11.1　结论

本书以有中国特色的农业战略为研究缘起，选择中共十六大以来特别是近年来国家层面的重要农业战略作为研究对象，有针对性地选择了“农业供给侧结构性改革战略”、“乡村振兴战略”和“小微金融战略”作为全文的研究主脉，结合广东省数据特别是粤西地区数据，从理论机缘、实践检验和审计探索方面详细分析了三大农业战略的政策背景、主要目标、实践状况、完善措施和审计护航保障，并从实践检验和审计探索方面得出了相关结论，具体如下：

### 11.1.1　农业战略的经验检验

1）农业供给侧结构性改革战略检验

农业供给侧结构性改革的效果需要对农业占主导的区域数据进行检验，湛江地处粤西地区，又是典型的农业港口城市，选择湛江市的农业数据有重要的理论意义和政策意义。本书运用模糊集定性比较分析（fsQCA）方法，利用湛江的统计数据，研究粤西地区农业供给侧结构性改革的前因组态及其绩效，从多产业、多产品角度，分析了供给侧结构性改革政策前后单一产业、单一产品、组合产业、组合产品对农业绩效的影响路径，为农业供给侧结构性改革奉献粤西经验。

2）乡村振兴战略检验

本书选择发展乡村旅游为突破口，探讨乡村旅游对农业经济的影响。尽管发展乡村旅游是国家推行新农村建设和乡村振兴战略的主要实施路径，但是它是经济社会发展的动力机制还是政绩考核下的表现形式并无实践检验，是个非常有意义的研究课题。本书选用2010—2018年广东省的统计数据，系统地研究了乡村旅游与经济社会发展和政治展示的相互关系，更进一步探讨在市场化、信息化和城镇化的调节作用下，乡村旅游在经济社会发展和政治展示中的角色变化，并最后提出了相关的政策建议。

3）小微金融战略检验

发展小微金融是国家贯彻执行“稳增长、调结构”一揽子政策的主要工具之一，小微金融执行的效果是关注的热点。本书以粤西地区2010—2019年的经验数据，检验小微金融在稳定农业增长、调整农业结构方面的效应，研究结果表明，小微金融能够推动粤西地区的产业结构优化，小微金融的发展与产业结构优化之间呈现倒U关系，U型关系的呈现通过小微金融U型影响农业粮食供应的数量间接实现。

### 11.1.2 农业战略的审计探索

1）国家审计服务农业供给侧结构性改革研究

农业供给侧结构性改革是实现农业高质量发展的战略举措，本书以农村村民对美好生活向往为出发点，构建了基于“科技支农—产业聚农—农市兴旺—藏富于农”的农业供给侧结构性改革框架，并从四个方面提出了审计服务农业供给侧结构性改革的路径：一是发挥审计的政策推动作用，释放农业产权活力，为“三个框架”布局创造条件；二是运用审计集中力量办大事的技术特点，形成农产品竞争优势动力，夯实三个框架基础；三是利用审计专业与信息优势，培植农村文化潜力，为巩固三个框架发展提供文化保障；四是依仗审计权力震慑力，扫清农业发展障碍，实现“藏富于农”引力，有效巩固“三个框架”成果。

2）国家审计服务乡村振兴研究

社会主要矛盾的主体方需求由日益增长的物质文化需要升级为对美好生活的向往，倒逼政府体制机制改革，顺应时代要求，擘画了乡村振兴的战略布局。国家政策的全面贯彻执行，欲达到理想结果需要相应的执行机制作为保障，而国家审计是推动国家治理体系和治理能力建设的重要监督机制。从国家审计服务乡村振兴的视角，沿着“产业兴旺、生态宜居、乡风文明、治理有效、生活富裕”的审计路径，利用国家审计的“监督、评价和抵御”功能，提出了保障“乡村振兴”一揽子政策惠及“最后一公里”的审计建议。

3）国家审计服务生态文明建设的研究

以“生命共同体”理论为基础的生态自然观、以“两山理论”为核心的生态价值观、以“像对待眼睛与生命一样”为理念的生态义利观、以“绿色发展、和谐共生”为目标的生态发展观和以“文明兴衰”理论为要义的生态社会观的“五观理论”，构建了新时代中国特色社会主义生态文明理论。以“五观理论”为缘起，在归纳分析生态文明、生态文明审计的相关研究成果的基础上，提出生态文明审计依据生态文明产品审计、生态文明价值审计、生态文明渠道审计、生态文明销售审计、生态文明公共关系审计和生态文明政治权力审计的审计路径，并提出相关审计建议。

4）国家审计服务地方经济发展的研究

本书选择广东省湛江市为研究基础，对国家审计如何服务好地方经济的发展提出了相关建议。湛江市处于建设省域副中心城市的重要战略机遇期，建设过程机会与风险并存、动力与压力同在。结合2020年湛江市政府工作报告部署的任务和要求，探究国家审计在服务以湛江为典型的地方政府的技术路径、质量评价体系和审计创新三个主题，为提升湛江市的治理水平和能力提供新的视角和理论支持。

## 11.2 启示

国家从长远发展的战略高度实施农业战略，从未来角度引领农业向正规化、现代化、科学化、开放化、价值化发展有重要的理论意义和实践意义。但是由于我国各个区域发展不平衡、生产力发展水平差距明显、生产关系解放程度也不尽相同，导致国家农业战略在不同区域的实践呈现差异化结果，有成功的案例也有失败的教训，鉴于本书的分析，对农业战略实施和个性化发展有以下启示：

### 11.2.1 战略计划兼顾区域特色

地方政府向上级政府要政策，依靠政策、固化政策成为地方经济发展的思想顽疾。政策的取得与区域经济发展的实际、与区域生产力和生产关系的矛盾不一致，导致政策成为摆设常有发生，政策可能形成地方政府官员的政治资本。而整齐划一、步调一致地实施政策，容易导致政策资源不能优化配置甚至错乱配置，有研究表明，随着政策一致性因为地方的异质性，造成地方特有文化、历史和产业被破坏，难以实现区域经济的优化升级和附加值的形成。因此，国家在政策计划中需要考虑区域特色和区域实际，分类考核、科学评价，促进区域特色形成的同时带动国家战略的创造性实践和实现。

### 11.2.2 战略引领与愿景教育同行

能够理解和领会国家战略的往往是区域中信息量大和思想觉悟高的人群，大部分村民长期囿于区域经济，思想不开放、难变通是不争事实。这些需要国家委派宣传团在战略引领的同时，告知农业发展实际、发展成本、发展收益和未来愿景，让区域经济在可以预测的风险和蓝图中实施，争取得到务农群体的理解和支持，发动群众、依靠群众、激发务农群体的活力和建设美好家园与生活的情怀，促进“三农”战略在内动中质变发展。

### 11.2.3 战略实施与人才配置同步

“三农”战略领域资源匮乏，尽管拥有土地和空间优势，农业受多因素制约，放手发动农业经济需要科技的支撑。现在从事农业的人员大多不能掌握先进的机器设备和信息化工具，归根于农业人才的短缺。因此，国家组织实施农业战略，需要同时实施农业人才战略，通过人才的配置，帮助和培训区域旧式农民变成新式的现代化农业技术工人，把农业变成产业化、现代化和脱离时空化，在企业中务农、在四季中生产、在网络中销售、在物流中消费，让“三农”战略参与者成为人们羡慕的群体，让“三农”战略产业成为人们羡慕的行业，在“三农”战略产业中就业成为人们羡慕的工作。

### 11.2.4 战略考核与文化形成耦合

考核是引导农业战略发展方向的指示灯，科学的、有战略性的和动态化的考核体系是农业战略持续深入扎根区域的重要推动力。战略的长期性和发展性决定了农业战略执行需要文化凝聚，形成健康、积极的农业战略文化，推动战略在区域中生根、发芽、开花与结果。因此战略执行考核需要包含文化形成程度等内容。把战略文化、农业文化、区域文化和发展文化有效融合，在文化的陶冶中实现培育农产品、农商和农市等文化附加值及品牌效应，实现农业战略引导下农业经济的高质量内涵式发展。

### 11.2.5 兼顾短期利益和长期利益

农业、农村、农民在现在布局体系中处于劣势地位，抗风险能力弱、风险承担实力不强，任何一次投资的失败都会使农业活动积极性受到打击。在发展农业中，需要优先兼顾短期利益，让农业人员在生产、投资和发展中获取可观的收益，在感受切实的经济收益中渐进式贯彻国家农业战略。这些体验与感受必然要求政府和大企业家在战略执行中的牺牲精神，树立长效利益观，引导务农人员的观念转变，培植支农、爱农、拥农和以农为荣的主人翁情怀。

# 参考文献


[1] 姜长云，杜志雄．关于推进农业供给侧结构性改革的思考［J］．南京农业大学学报（社会科学版），2017，17（1）．

[2] 王敬尧，王承禹．国家治理、农地制度与农业供给侧结构性改革［J］．政治研究，2020（3）：90-101，128．

[3] 新华社．中共中央、国务院关于深入推进农业供给侧结构性改革加快培育农业农村发展新动能的若干意见［EB/OL］．［2017-02-05］．http：//www.gov.cn/zhengce/2017-02/05/content_5165626.htm．

[4] 新华网．农业供给侧结构性改革是什么三个关键词告诉你！［EB/OL］．［2018-08-01］．https：//baijiahao.baidu.com/s? id=1607587829782502915&wfr=spider& for=pc．

[5] 潘世磊．农业供给侧结构性改革与财政支农能促进农民增收吗?［J］．经济问题探索，2018（2）：19-30．

[6] 韩俊．供给侧结构性改革是塑造中国农业未来的关键之举［J］．云南农业，2017（7）：5-7．

[7] 陈文胜．乡村振兴战略目标下农业供给侧结构性改革研究［J］．江西社会科学，2019（12）：208-215．

[8] 彭成圆，蒋黎，王晓君．新时代我国农业亟待破解的若干问题思考——兼论完善我国农产品价格机制［J］．价格理论与实践，2018（1）：49-52．

[9] 徐光平，曲海燕．“十四五”时期我国农业高质量发展的路径研究［J］．经济问题，2021（10）：104-110．

[10] 龙少波，张梦雪. 中国农业全要素生产率的再测算及影响因素——从传统迈向高质量的发展 [J]. 财经问题研究，2021 (8): 40-51.
[11] 司伟. 经济转型过程中中国农业农村现代化 [J]. 南京农业大学学报 (社会科学版)，2021，21 (5): 11-19.
[12] 李宗全. 乡村振兴内容，乡村振兴战略的总要求 [EB/OL]. [2021-02-19]. https://wenda.zhifure.com/a/38193.html.
[13] 神州土地. 乡村振兴怎么走? 中央农村经济会议上提出的这七条路! [EB/OL]. [2018-01-03]. https://www.sohu.com/a/214363191_482457.
[14] 范建华. 乡村振兴战略的时代意义 [EB/OL]. [2018-02-27]. http://theory. people. com. cn/n1/2018/0227/c40531-29837172. html? ivk_sa=1023345q.
[15] 九派新闻. 农业农村部: 实施乡村振兴战略已取得重要成果 [EB/OL]. [2021-09-28]. https://baijiahao.baidu.com/s? id=1712122445073219784&wfr=spider&for=pc.
[16] 沈黎怡，陆岷峰. 金融供给侧结构性改革与小微金融业务发展研究 [J]. 西南金融，2019 (7): 36-43.
[17] 陆岷峰，汪祖刚. 新时代我国金融监管策略创新研究 [J]. 北华大学学报 (社会科学版)，2018 (2): 119-124.
[18] 陆岷峰. 关于金融本源及创新边界的研究 [J]. 当代财经，2018 (9): 62-69.
[19] 李克强. 政府工作报告——2020年5月22日在第十三届全国人民代表大会第三次会议上 [EB/OL]. [2020-05-29]. http://www.gov.cn/gongbao/content/2020/content_5517495.htm.
[20] 石小丽. 农业供给侧改革的必要性与措施 [J]. 乡村科技，2017 (2): 30-31.
[21] 孔祥智. 农业供给侧结构性改革的基本内涵与政策建议 [J]. 改革，2016 (2): 104-115.
[22] 吴海峰. 推进农业供给侧结构性改革的思考 [J]. 中州学刊，2016 (5): 38-42.
[23] 王威. 河南省农业供给侧结构性改革研究 [J]. 乡村科技，2017 (34): 26-28.
[24] 丁任重. 关于供给侧结构性改革的政治经济学分析 [J]. 经济学家，2016 (3): 13-15.
[25] 刘霞辉. 供给侧的宏观经济管理——中国视角 [J]. 经济学动态，2013 (10): 9-19.

[26] 何秀荣. 关于我国农业经营规模的思考 [J]. 农业经济问题，2016，37 (9): 4-15.

[27] 张占仓. 中国农业供给侧结构性改革的若干战略思考 [J]. 中国农村经济，2017 (10): 26-27.

[28] 陈鲲玲. 农业供给侧结构性改革: 新疆南疆四地州农业结构调整思考 [J]. 新疆社会科学，2019 (6): 52-57.

[29] 王冬，边志强. 农业供给侧结构性改革能力评估及其增收效应分析——基于新结构经济学的视角 [J]. 西南民族大学学报 (人文社会科学版)，2020，41 (12): 122-132.

[30] 习近平. 习近平在省部级主要领导干部学习贯彻党的十八届五中全会精神专题研讨班上的讲话 [N]. 人民日报，2016-05-10.

[31] 杜运周，刘秋辰，程建青. 什么样的营商环境生态产生城市高创业活跃度? ——基于制度组态的分析 [J]. 管理世界，2020 (9): 141-155.

[32] CHARLES C，RAGIN. Redesigning Social Inquiry: Fuzzy Sets and Beyond [M]. Chicago: University of Chicago Press，2008.

[33] 钱贵霞，谷红阳. 中国乡村振兴研究现状与趋势展望 [J]. 农业经济与管理，2020 (5): 29-40.

[34] 薛枫. 2017年乡村旅游超过1.4万亿元　成为扶贫富民新渠道 [EB/OL]. [2018-01-09]. http://www.sohu.com/a/215917724_99899462.

[35] 张碧星. 促进乡村旅游高质量发展 [J]. 人民论坛，2018 (32): 82-83.

[36] 张琰飞，朱海英，魏昕伊. 乡村旅游扶贫开发中的“反公地悲剧”治理多案例分析 [J]. 农村经济，2020 (7): 70-77.

[37] 刘红梅，肖泽平，杨素丹，等. 民族贫困地区乡村旅游景点时空演变分析——以渝东南地区为例 [J]. 西南大学学报 (自然科学版)，2017，39 (11): 164-171.

[38] 黄葵. 重庆市乡村旅游资源空间特征及其与乡村振兴关系研究 [J]. 中国农业资源与区划，2020，41 (4): 216-224.

[39] 孙九霞，黄凯洁，王学基. 基于地方实践的旅游发展与乡村振兴: 逻辑与案例 [J]. 旅游学刊，2020，35 (3): 39-49.

[40] 韦俊峰，何瀚林，明庆忠. 中国休闲农业和乡村旅游政策的演进特征 (2001-2018) ——基于政策文本量化分析 [J]. 社会科学家，2019 (3): 84-90.

[41] 杨美霞. 新旅游时代乡村旅游目的地构建中应关注的若干问题——以泰州为例 [J]. 社会科学家，2020 (4): 75-79.

[42] 周贵平. 新型城镇化背景下我国乡村旅游生态化转型分析——以江苏省为

例［J］．中国农业资源与区划，2016，37（9）：172-175．

［43］ 王勇．高质量发展视角下推动乡村旅游发展的路径思考［J］．农村经济，2020（8）：75-82．

［44］ 刘正佳，李裕瑞，王介勇．新时代乡村振兴战略及其前沿观点——2018年博鳌亚洲论坛相关主题评述［J］．地理学报，2018，73（8）：1606-1609．

［45］ LANE B，KASTENHOLZ E.Rural tourism：the evolution of practice and research approaches – towards a new generation concept？［J］．Journal of Sustainable Tourism，2015，23（8-9）：1133-1156．

［46］ SAXENA G，CLARK G，OLIVER T，et al. Conceptualizing integrated rural tourism［J］．Tourism Geographies，2007，9（4）：347-370．

［47］ 江小涓，等．服务经济——理论演进与产业分析［M］．北京：人民出版社，2014．

［48］ 程莉．城镇化、乡村旅游与农村经济增长［J］．农业经济与管理，2020（1）：78-89．

［49］ 肖宏伟．乡村旅游发展对农民增收的影响研究——基于省际面板数据的空间计量分析［J］．发展研究，2014（11）：75-81．

［50］ 中华人民共和国审计署．2020年第三季度国家重大政策措施落实情况跟踪审计结果［EB/OL］．［2021-01-05］．http：//www.audit.gov.cn/n5/n25/c142989/content.html．

［51］ 钟优慧，杨志江．财政支农与农业产业结构调整［J］．黑龙江对外经贸，2009（3）：141-142．

［52］ 郭永清，徐云帆．财政支农力度与农业产业结构优化的关系研究——以安徽省为例［J］．上海管理科学，2019，41（1）：13-16．

［53］ 金芳，金荣学．财政支农影响农业产业结构变迁的空间效应分析［J］．财经问题研究，2020（5）：82-91．

［54］ 孙大鹏，王玉霞．农业产业结构供给侧改革的诱致性与强制性变迁——以铁岭市昌图县为例［J］．财经问题研究，2017（7）：110-117．

［55］ 刘泽莹，韩一军．乡村振兴战略下粮食供给面临的困境与出路［J］．西北农林科技大学学报（社会科学版），2020（2）：10-18．

［56］ 邹娜，郝大江．网络经济背景下的农产品流通模式创新［J］．首都经济贸易大学学报，2016，18（2）：83-88．

［57］ 辛毅，李佳鑫，程超越．农民粮食生产积极性的测度分析［J］．农业经济与管理，2020（3）：30-41．

［58］ 李明文，王振华，张广胜．农业政策对粮食生产技术选择影响及空间溢出效应［J］．农林经济管理学报，2020，19（2）：151-160．

[59] 秦德智，邵慧敏．我国农业产业结构调整动因分析——基于扩展的柯布—道格拉斯生产函数［J］．农村经济，2016（5）：59-63.
[60] 刘丽辉，吴彩容．农业结构调整成效及其影响因素的协整分析［J］．经济问题，2014（7）：85-89.
[61] 李赫然．以生态文明建设推动农村经济转型升级［J］．人民论坛，2018（24）：78-79.
[62] 干春晖，郑若谷，余典范．中国产业结构变迁对经济增长和波动的影响［J］．经济研究，2011（5）：4-16.
[63] 何雄浪，陈锁．农业供给侧结构性改革的深层次探讨［J］．云南社会科学，2018（2）：117-122.
[64] 方中华．农业供给侧结构性改革势在必行［J］．人民论坛，2016（7）：73.
[65] 徐朝卫，董江爱．新时代农业供给侧结构性改革的延续与路径转换［J］．甘肃社会科学，2018（6）：162-168.
[66] 农林经济管理学报编辑部．三农战略专家论农业供给侧结构性改革［J］．农林经济管理学报，2016，15（2）：115-118.
[67] 沈玥．供给侧结构性改革视角下农业物联网产业发展的PEST分析［J］．征信，2020，38（10）：84-88.
[68] 江维国，李立清．我国农业供给侧问题及改革［J］．广东财经大学学报，2016，31（5）：84-91.
[69] 李彩霞，李艳萍．农业供给侧结构性改革背景下农村产权融资瓶颈及其路径选择［J］．农业经济，2020（11）：103-105.
[70] 张莉，朱琦．新发展格局下的国家审计角色定位及作用［J］．财会月刊，2021（19）：111-115.
[71] 黎新伍，徐书彬．基于新发展理念的农业高质量发展水平测度及其空间分布特征研究［J］．江西财经大学学报，2020（6）：78-94.
[72] 黄建红．农业供给侧结构性改革与基层政府职能转变［J］．农村经济，2020（10）：14-21.
[73] 胡亦琴，苏义寒，赵聪聪．土地要素风险对农业经营者收入影响的研究［J］．中国经济问题，2020（5）：125-136.
[74] 王仕忠．特色农业小镇满意度分析与高质量发展［J］．山东社会科学，2020（3）：129-134.
[75] 苟兴朝，张斌儒．农业供给侧结构性改革系统性风险：生成逻辑、风险测度及其防范对策［J］．新疆社会科学，2019（1）：21-28，146.
[76] 苟兴朝．农业供给侧结构性改革成本控制及其分担研究［J］．新疆社会科学，2018（5）：44-51，162-163.

[77] 范玲. 供给侧结构性改革背景下的农业保险发展对策研究 [J]. 求是学刊, 2018, 45 (3): 64-73.

[78] 王洪元. 供给侧结构性改革视角下农产品优化升级的主体博弈分析 [J]. 湖南科技大学学报 (社会科学版), 2018, 21 (2): 160-166.

[79] 罗哲, 单学鹏. 农业供给侧结构性改革背景下的人力资本投资治理路径探究 [J]. 农村经济, 2017 (11): 85-90.

[80] 许莉. 国家审计本质认识论及其实践规律 [J]. 审计与经济研究, 2021 (9): 1-4.

[81] "国家审计在乡村振兴战略中的作用研究"课题组. 乡村振兴审计的意义、重点和举措 [J]. 审计研究, 2021 (3): 3-10.

[82] 郭鹏飞. 农业面源污染防治的审计监督研究 [J]. 环境保护, 2020, 48 (8): 25-29.

[83] 陈琪, 武琼. 农业类上市公司会计舞弊特征及审计风险防范 [J]. 财务与会计, 2015 (17): 53-55.

[84] "国家审计在决战脱贫攻坚中的作用研究"课题组. 国家审计促进脱贫攻坚: 做法、成效和启示 [J]. 审计研究, 2021 (3): 11-21.

[85] 佚名. 中国审计学会"总结扶贫审计创新经验助力乡村振兴"专题研讨会在京召开 [J]. 审计研究, 2021 (3): 2.

[86] LIU Y S, LI Y H. Revitalize the World's Countryside [J]. Nature, 2017, 548 (7667): 275-277.

[87] 张海鹏, 郜亮亮, 闫坤. 乡村振兴战略思想的理论渊源、主要创新和实现路径 [J]. 中国农村经济, 2018 (11): 2-16.

[88] 葛笑如, 刘硕. 十九大以来的乡村振兴研究文献综述 [J]. 山西农业大学学报 (社科版), 2019, 18 (1): 1-8.

[89] 佚名. 中央农村工作会议在北京举行 [N]. 人民日报, 2017-12-30.

[90] 刘家义. 中国特色社会主义审计理论研究 [M]. 北京: 中国时代经济出版社, 2013.

[91] 徐薇. 国家审计监督全覆盖的实现路径研究 [J]. 审计研究, 2015 (4): 6-10.

[92] 刘家义. 论国家治理与国家审计 [J]. 中国社会科学, 2012 (6): 60-72, 206.

[93] 戚振东, 张权, 尹平. 国家审计与国家治理能力: 一个理论分析框架 [J]. 审计与经济研究, 2017, 32 (5): 1-9.

[94] 魏明, 邱钰茹. 国家审计参与国家治理的信号传递机制研究 [J]. 审计与经济研究, 2015, 30 (3): 79-87.

[95] 刘家义．国家治理现代化进程中的国家审计：制度保障与实践逻辑［J］．中国社会科学，2015（9）：64-83，204-205.

[96] 程博．官方微博与非营利组织信息披露质量：自媒体真的有治理效应吗？［J］．现代财经（天津财经大学学报），2019（39）：52-67.

[97] 张俊民，胡国强，张硕．国家审计服务国家治理实践研究：基于18份审计工作报告的分析［J］．审计研究，2013（5）：10-16.

[98] 中共中央宣传部．习近平总书记系列重要讲话读本［M］．北京：学习出版社，人民出版社，2016：157.

[99] 曹志立，孙德超．乡村振兴战略下的乡村治理转型与完善［J］．商业研究，2018（12）：11-19.

[100] 蔡春，李明，毕铭悦．构建国家审计理论框架的有关探讨［J］．审计研究，2013（3）：3-10，21.

[101] 魏华，卢黎歌．习近平生态文明思想的内涵、特征与时代价值［J］．西安交通大学学报（社科版），2019，39（3）：69-76.

[102] MORRISON R.Ecological Democracy［M］．Boston：South End Press，1995：281.

[103] BOULDING K E.Economics as a Science［M］．New York：McGraw-Hill，1970：2-8.

[104] LEMOS M C，AGRAWAL A. Submitted to Annual Review of Environment and Resources［J］．Environmental Governance，2006：5.

[105] 段蕾，康沛竹．走向社会主义生态文明新时代——习近平生态文明思想的背景、内涵与意义［J］．科学社会主义，2016（2）：127-132.

[106] 周光迅，胡倩．从人类文明发展的宏阔视野审视生态文明——习近平对马克思主义生态哲学思想的继承与发展论略［J］．自然辩证法研究，2015（4）：105-111.

[107] 杨伟民．建设生态文明 打造美丽中国——深入学习贯彻习近平同志关于生态文明建设的重要论述［N］．人民网-人民日报，2016-10-14.

[108] 赵存丽，刘明辉．改革开放40年我国生态文明审计的发展与建设路径［J］．财务与会计，2019（8）：33-36.

[109] 王爱国．关于生态文明审计的几个基本理论问题［J］．东岳论丛，2017，38（10）：110-121.

[110] 刘西友，李莎莎．国家审计在生态文明建设中的作用研究［J］．管理世界，2015（1）：173-175.

[111] 王爱国．环境审计服务生态文明建设的理论探讨与体系重构——兼论生态文明审计的本质内涵［J］．理论学刊，2019（3）：49-55.

[112] 韩金红，刘西友. 论生态文明建设审计的内容体系与范围边界 [J]. 会计之友，2014（16）：98-99.

[113] 王志伟，姜学磊，侯杰. 生态保护与修复审计研究 [J]. 审计观察，2021（1）：72-77.

[114] 刘洋，王爱国，刘承伟. 生态文明绩效审计理论体系构建 [J]. 财会通讯，2019（19）：86-90.

[115] 任勇，李晓光. 委托代理理论：模型、对策及评析 [J]. 经济问题，2007（7）：13-15.

[116] LOEB M，MAGAT W A. A decentralized method for utility regulation [J]. The Journal of Law and Economics，1979，22（2）：399-404.

[117] 刘家义. 审计署审计长在2008年全国审计工作会议上的讲话 [EB/OL]. [2008-12-29]. http：//www.gov.cn/gzdt/2008-12/29/content_1190601.htm.

[118] 薛婷婷. 中国特色的国家审计公共关系研究 [J]. 审计月刊，2013（1）：10-12.

[119] 姜建军. 2020年湛江市政府工作报告 [EB/OL]. [2020-01-09]. https：//www.zhanjiang.gov.cn/zfgzbg/content/post_1356357.html.

[120] 宜昌市人民政府. 宜昌现代化特大城市建设顶层设计纪实 [EB/OL]. [2014-08-30]. http：//www.yichang.gov.cn/html/zhengwuyizhantong/zhengwugongkai/juecejiedu/bendijuecejiedu/2014/0830/603941.html.

# 索引